中学受験

社会の
基本
問題

小学 5 年

JN085762

NICHINOKEN
BOOKS

この本の特色

中学受験
合格!

社会や理科は暗記科目、という誤解

「覚えればいい」というのはまちがった考え方です。

細かな知識が問われる難問は全体のごくわずか。

最近は図やグラフ、文章を読み取って答えをつくる問題が主流になっています。

つまり、中学入試において必要な学力とは、

①主な分野において基本知識をしっかり獲得しているか

②知識と知識を結びつけて論理的に考えられるか

である、といえます。ふえている記述問題にしても同様な視点で出題されているものがほとんどです。

こまぎれの知識ではなく、知識の「運用力」が求められている

このように、日能研では毎年の入試を徹底的に研究しています。この本では、その研究にもとづき、もっとも基本的な内容を重点的に取り上げました。その一方で「知識を使う力」を重視し、入試と同じ総合問題形式で演習できるようになっています。この本を十分に活用して、実力アップにつなげてください。

● この本の使い方

要点ピックアップ

それぞれのテーマでもっとも基本となる項目をまとめました。問題に向かう前に、この内容をもとに学習をふり返りましょう。

問題演習

日能研のテストで蓄積した正答率をもとに、問題をレベルA・レベルBに分けてあります。問題選びや実力チェックのめやすとしても利用できます。

らくらくチェック116題

一問一答形式の確認問題です。キーワードのまとめにも使えます。

解答・解説

とくに重要な問題には解説をつけ、関連知識や考えの道すじをしめしてあります。

もくじ

編集協力：(有)バンティアン／**表紙デザイン**：森垣奈美／**本文デザイン**：(株)エッジ・デザインオフィス

要点ピックアップ

1 国土の広がりと位置

ユーラシア大陸の東に、南北約3000kmにわたり、北東から南西に連なる。面積は約38万km²。

① **緯度** 赤道と平行な横の線を緯線といい、赤道を0度として、南北それぞれ90度ずつある。

② **経度** 北極と南極を結ぶ縦の線を経線といい、イギリスの旧グリニッジ天文台を0度として、東西それぞれ180度ずつある。

③ **日本の位置** 南北は北緯20度から北緯46度、東西は東経123度から東経154度の間。

④ **日本の東西南北の端** 東は南鳥島(東京都)、西は与那国島(沖縄県)、南は沖ノ鳥島(東京都)、北は択捉島(北海道)。

2 まわりの海・海流

太平洋 日本の東や南にある、世界でもっとも広い海。

日本海 日本の西にある海。

東シナ海 九州の西にあり、大陸だなが広がっている。

オホーツク海 北海道の北にあり、冬には流氷がおしよせる。

① **海流** 太平洋側には暖流の日本海流(黒潮)と寒流の千島海流(親潮)が流れる。日本海側には暖流の対馬海流と寒流のリマン海流が流れる。

② **潮目** 暖流と寒流が出合うところで、魚がよく集まり、よい漁場となる。

③ **大陸だな** 傾斜がゆるやかな浅い海底で、魚のえさとなるプランクトンが発生し、魚の産卵場所となる海そうもよく育つので、よい漁場となる。

3 日本の海岸線

日本は、**本州・北海道・九州・四国**の4つの大きな島と、**約14000**の小さな島からなっている。海岸線の長さは約35000kmである。

① 四大島以外のおもな島は、面積順に、**択捉島**(北海道)、**国後島**(北海道)、**沖縄島**(沖縄県)、**佐渡島**(新潟県)、**奄美大島**(鹿児島県)、**対馬**(長崎県)、**淡路島**(兵庫県)。

② 日本のおもな半島は、**津軽半島**(青森県)、**房総半島**(千葉県)、**伊豆半島**(静岡県)、**能登半島**(石川県)、**紀伊半島**(和歌山県など)、**薩摩半島**(鹿児島県)など。

③ 日本のおもな湾は、**陸奥湾、東京湾、伊勢湾、若狭湾、大阪湾、土佐湾**など。

④ **三陸海岸**や**志摩半島、若狭湾**などは、出入りのはげしいリアス海岸である。

レベル **A** 問題演習　　日能研 正答率 100% ～ 80%

◆ 日本の国土やまわりの海、海岸線について、次の地図を見て、あとの各問いに答えましょう。

→ 解答は98ページ

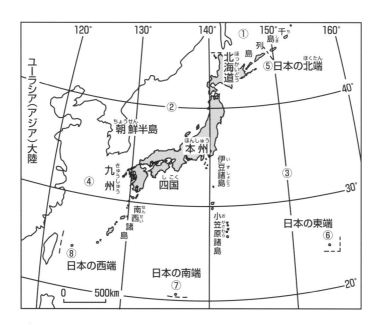

□**問1**　日本列島の位置として正しいものを下から選び、記号で答えましょう。

　ア　大陸の西側に位置している。

　イ　弓形に細長くつらなっている。

　ウ　北西から南東につらなっている。

　エ　一部は大陸とつながっている。

問2　日本列島は、約（　1　）kmにわたってつらなり、四大島と約（　2　）もの小さな島々からなりたっています。これについて、(1)・(2)の問いに答えましょう。

　□(1)　（　1　）・（　2　）にあてはまる数字を下から選び、それぞれ記号で答えましょう。

　　ア　1000　　　イ　3000　　　ウ　10000　　　エ　14000

　□(2)　下線部について、四大島を面積の広い順にならべると本州・北海道・九州・四国となります。四大島の大きさをそれぞれくらべると、本州は北海道の　1　倍、北海道は九州の　2　倍、九州は四国の　3　倍となります。

　　　　1　～　3　にあてはまる数字を右のグラフを参考にしてそれぞれ整数で答えましょう。

おもな島の面積の割合

四国 5　　その他 2

九州 11

北海道 21

総面積 37.8万k㎡

本州 61%

□**問3**　島国日本は四方を海にかこまれています。日本のまわりに広がる前の地図中の①～④の海の名をそれぞれ答えましょう。また、これらの海のうち、大陸だながもっとも発達している海を選び、番号で答えましょう。

問4　島国日本では、国土の広がりは東西南北に位置する島々によって定められます。これについて、前の地図を参考にして、(1)～(4)の問いに答えましょう。

□(1)　日本の東西南北の端となる⑤～⑧の島々の名をそれぞれ答えましょう。

□(2)　⑤～⑧の島々の広がり、つまり、日本の国土の広がりは南北で約（　1　）度、東西で約（　2　）度となっています。

　　（　1　）・（　2　）にあてはまる数字を下から選び、それぞれ記号で答えましょう。

　　ア　20　　　　**イ**　25　　　　**ウ**　30　　　　**エ**　35

□(3)　日本の東西の端に位置する島々をふくむ都道府県の名をそれぞれ答えましょう。

(4)　日本の南北の端に位置する島々について、①・②の問いに答えましょう。

　　□①　南の端の島では、島のまわりをかこむ工事がおこなわれました。その理由にあたるものを下から選び、記号で答えましょう。

　　　　ア　日本の領土と領海を守るため。

　　　　イ　大きな港をつくるため。

　　　　ウ　島のまわりのサンゴを守るため。

　　　　エ　島の住民を津波などから守るため。

　　□②　北の端の島は、現在ある国が占領しています。その国の名を答えましょう。

□**問5**　日本をかこむ海には、おもに4つの海流が流れています。また、海流と海流がぶつかるところは好漁場となります。日本近海では、こうしたところは前の地図中の③の海を南北に流れる暖流と寒流がぶつかる三陸沖あたりが知られています。このような海流と海流がぶつかるところを何といいますか。また、③の海で北から南に流れる海流の名と南から北に流れる海流の名をそれぞれ答えましょう。

□**問6**　日本は、海にかこまれているため、海岸線は四方にあります。そして、数多くの島々を国土にふくんでいることや、多くの半島や湾があることなどから、海岸線はとても長くなっています。日本の海岸線の長さとして正しいものを下から選び、記号で答えましょう。

　　ア　13000km　　　　**イ**　35000km　　　　**ウ**　57000km

☐ **問7** 次の4つの地図は、おもな湾と半島をしめしたものです。これについて、⑴～⑶の問いに答えましょう。

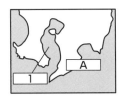 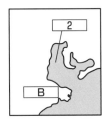 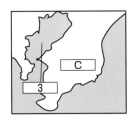 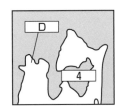

☐⑴ 地図中の ☐1☐～☐4☐ にあてはまる湾の名を下から選び、それぞれ記号で答えましょう。

　　ア　伊勢湾　　　　　イ　東京湾　　　　ウ　陸奥湾　　　エ　鹿児島湾

☐⑵ 地図中の ☐A☐・☐B☐ にあてはまる半島の名を下から選び、それぞれ記号で答えましょう。

　　ア　津軽半島　　　　イ　志摩半島　　　ウ　大隅半島　　エ　房総半島

☐⑶ 地図中の ☐C☐・☐D☐ にあてはまる半島の説明を下から選び、それぞれ記号で答えましょう。

　　ア　しまなみ海道とよばれる橋で対岸と結ばれています。

　　イ　明石海峡大橋と大鳴門橋を通して本州と結ばれています。

　　ウ　青函トンネルによって北海道の渡島半島と結ばれています。

　　エ　アクアラインとよばれる橋とトンネルで対岸と結ばれています。

レベル B 問題演習

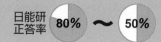
日能研
正答率 80% 〜 50%

◆　次の地図1・2を見て、あとの各問いに答えましょう。

→ 解答は98ページ

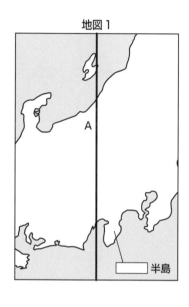

地図1

A

半島

地図2

B ① ②

問1　地図1中のAの線は、日本の東西の広がりのほぼ中間にあたる線をしめしています。地図1について、(1)〜(3)の問いに答えましょう。

□(1)　地図中の[＿＿＿＿]にあてはまる半島の名を答えましょう。

□(2)　地図中のAの線上には5つの県があります。この5つの県にあてはまらないものを下から2つ選び、記号で答えましょう。

　　ア　新潟県（にいがた）　　イ　栃木県（とちぎ）　　ウ　長野県（ながの）
　　エ　滋賀県（しが）　　オ　山梨県（やまなし）

□(3)　地図を見ると、Aの線は、ある島を通過（つうか）していることがわかります。その島の名を答えましょう。また、その島についてのべた文として正しいものを下から選び、記号で答えましょう。

　　ア　朝鮮半島（ちょうせん）との間にあり、昔、大陸の文化が日本に伝わるのに重要な役割（やくわり）をはたしてきた島です。

　　イ　絶滅（ぜつめつ）のおそれのあるトキの保護（ほご）センターがある島として知られています。

　　ウ　太平洋戦争後、アメリカに占領（せんりょう）され、今でも島の大部分にはアメリカ軍基地（きち）があります。

　　エ　絹織物（きぬおりもの）や、あたたかい気候を生かしたさとうきびの栽培（さいばい）がさかんな島です。

問2　地図2中のBの線は、日本の南北の広がりのほぼ中間にあたる線をしめしています。
　　　　地図2について、(1)～(3)の問いに答えましょう。

□(1)　地図中のBの線上にある①・②の県の海岸線は、いずれも山地が海に沈^{しず}んでできた
　　　地形です。こうした海岸地形を何といいますか。

□(2)　(1)で答えた海岸線をふくむ地図中の①・②の県の名をそれぞれ答えましょう。

□(3)　地図中のBの線上の西に位置する(　　　)も(1)で答えた海岸線を多くふくんでい
　　　ます。
　　　　(　　　)にあてはまる県の名を答えましょう。

□**問3**　次の世界地図を参考にして、地図1中のAの線を南北にたどったときに通過^{つうか}する国の
　　　　名として正しくないものを下から選び、記号で答えましょう。

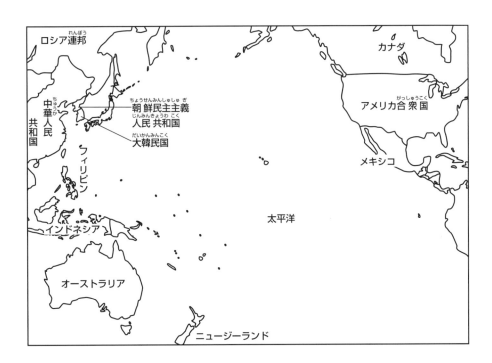

ア　ロシア　　　イ　フィリピン　　　ウ　オーストラリア　　　エ　インドネシア

第 2 回

都道府県と都市

 要点ピックアップ

1 47都道府県と都道府県庁所在都市

面積と人口の順位（2022年）

		1位	2位	3位	4位	5位
面積	広い	北海道	岩手県	福島県	長野県	新潟県
	せまい	香川県	大阪府	東京都	沖縄県	神奈川県
人口	多い	東京都	神奈川県	大阪府	愛知県	埼玉県
	少ない	鳥取県	島根県	高知県	徳島県	福井県

北海道地方

北海道

・札幌

青森

青森県

秋田

岩手県

盛岡

東北地方

秋田県

山形県

新潟

山形

宮城県

仙台

福島

福島県

近畿地方

前橋

石川県

新潟県

金沢

富山県

群馬県

栃木県

宇都宮

中国地方

富山

岐阜県

長野

水戸

京都

福井

大津

福井県

岐阜

埼玉県

茨城県

さいたま

鳥取

長野県

山梨県

東京都

千葉

松江

鳥取県

京都府

滋賀県

愛知県

千葉県

広島

島根県

兵庫県

奈良県

静岡県

神奈川県

東京

関東地方

岡山県

岡山

神戸

大阪府

三重県

静岡

横浜

山口県

山口

香川県

和歌山県

名古屋

津

甲府

佐賀

福岡県

徳島県

愛媛県

高知

大分県

佐賀県

大分

熊本県

高知県

徳島

松山

高松

大阪

和歌山

中部地方

長崎県

宮崎県

長崎

熊本

鹿児島県

宮崎

四国地方

那覇

沖縄県

九州地方

鹿児島

2 政令指定都市

　人口が多く、都道府県と同じようなあつかいを受ける市を政令指定都市という。
2022年現在、札幌市（北海道）・仙台市（宮城県）・さいたま市・千葉市・横浜市（神奈川県）・川崎市（神奈川県）・相模原市（神奈川県）・新潟市・静岡市・浜松市（静岡県）・名古屋市（愛知県）・京都市・大阪市・堺市（大阪府）・神戸市（兵庫県）・岡山市・広島市・北九州市（福岡県）・福岡市・熊本市の20都市が政令指定都市となっている。

問題演習

◆ 都道府県について、あとの各問いに答えましょう。

→ 解答は98ページ

□**問1**　日本は政治をおこなっていくうえでの単位として、全国を１都１道２府43県に分けています。このうち、１都１道２府にあてはまる都道府の名をそれぞれ答えましょう。

問2　次の①～⑥は県の形をあらわしたものです。これらの県について、(1)・(2)の問いに答えましょう。ただし、方位はすべて上が北をしめし、───は海岸線を、－‥－‥－は都道府県の境をしめします。また、縮尺はすべて同じです。

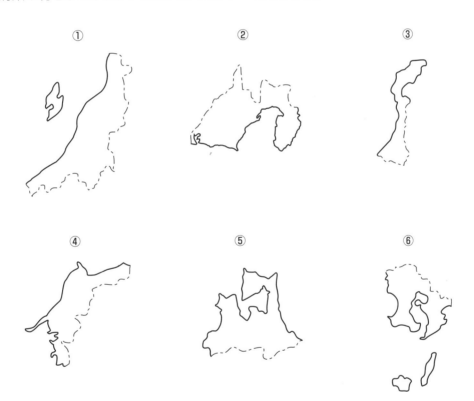

□(1)　上の①～⑥の県の名を下から選び、それぞれ記号で答えましょう。

　　ア　静岡県　　　イ　石川県　　　ウ　青森県　　　エ　鹿児島県
　　オ　愛媛県　　　カ　長崎県　　　キ　新潟県

□(2)　上の①～⑥の県の中には、県名と県庁所在都市の名が同じでない県が２つあります。この２つの県の県庁所在都市の名を答えましょう。

レベル B 問題演習

◆　日本は47都道府県に分かれています。47都道府県は大きく地方に分けることもあります。また、それぞれの都道府県は、いくつもの小さい都市に分かれています。都道府県や地方・都市について、あとの各問いに答えましょう。

→ 解答は99ページ

問1　日本は島国ですが、海に面しているところもあれば、面していないところもあります。これについて、(1)・(2)の問いに答えましょう。

□(1)　まわりをすべて海にかこまれている都道府県を２つ答えましょう。

□(2)　海に面していない県を内陸県といいます。内陸県はまわりをすべてほかの県と県境を接しています。内陸県のうち、もっとも多くの県と県境を接しているのは、どこの県ですか。県の名と、その県が県境を接している県の数をそれぞれ答えましょう。

□**問2**　次の①・②は、それぞれあるきまりにもとづいて、都道府県のグループをつくったものです。しかし、これらのグループには、そのきまりにあてはまらない都道府県が１つずつ入っています。その都道府県を考え、なぜ１つだけあてはまらないのか、その理由をあとのア〜エから選び、それぞれ記号で答えましょう。

```
┌─────────────────────────────────────────────┐
│ ①　栃木県　　福井県　　岐阜県　　奈良県　　滋賀県 │
└─────────────────────────────────────────────┘
┌─────────────────────────────────────────────┐
│ ②　北海道　　岩手県　　千葉県　　群馬県　　愛媛県 │
└─────────────────────────────────────────────┘
```

ア　都道府県の名と都道府県庁所在都市の名がちがう都道府県の中に、名が同じ都道府県がまじっている。

イ　内陸県の中に、海に面した都道府県がまじっている。

ウ　面積が小さい都道府県の中に、面積の大きい都道府県がまじっている。

エ　人口の多い都道府県の中に、人口の少ない都道府県がまじっている。

□**問3**　47都道府県を分ける方法のうち、もっともよく用いられるものとして、８つの地方に分ける方法があります。この８地方のうち、もっとも多くの都道府県をふくむ地方の名を答えましょう。また、その地方にふくまれている都道府県の数を答えましょう。

□**問4**　次の①〜⑧は、それぞれ８地方の形をあらわしたものですが、２つの都道府県はまちがった地方に入れられてしまっています。まちがった地方に入れられた２つの都道府県の名を答えましょう。

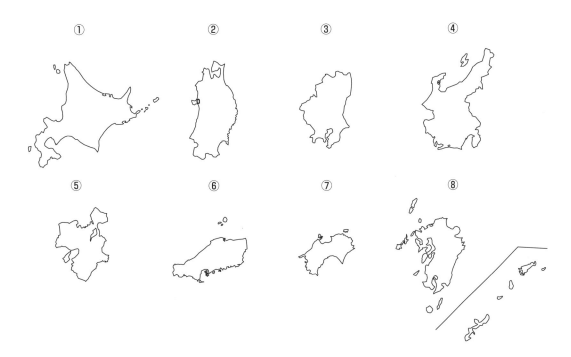

問5 都道府県を細かく分けるものとして都市があります。次の表は、日本のおもな都市を人口の多い順にまとめたものです。これについて、(1)〜(3)の問いに答えましょう。

順位	都 市	人口(万人)	順位	都 市	人口(万人)	順位	都 市	人口(万人)
1	東京23区	952	6	福岡市	157	11	広島市	119
2	1 市	376	7	A 川崎市	152	12	2 市	107
3	大阪市	273	8	神戸市	152	13	千葉市	98
4	名古屋市	229	9	京都市	139	14	B 北九州市	94
5	札幌市	196	10	さいたま市	133	15	堺市	83

(2022年 「住民基本台帳に基づく人口、人口動態及び世帯数」より)

□(1) 表中の　1　・　2　にあてはまる都市の名を下から選び、それぞれ記号で答えましょう。

　　ア 奈良　　イ 盛岡　　ウ 仙台　　エ 横浜

□(2) 表中の下線部A・Bの都市に共通することとしてあてはまるものを下から選び、記号で答えましょう。

　　ア 県庁所在都市ではない。

　　イ 県庁所在都市ではない上に、人口が県庁所在都市よりも多い。

　　ウ 県庁所在都市ではあるが、県の名とちがう名である。

□(3) 2022年現在、日本に政令指定都市はいくつありますか。

第 3 回

日本の地形

要点ピックアップ

1 日本のおもな山と山地・山脈

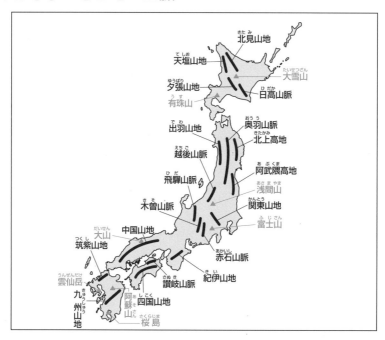

2 日本のおもな川・平野・盆地

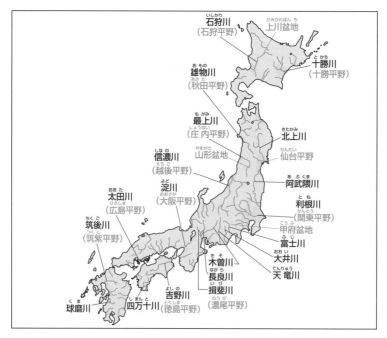

レベル A 問題演習

◆ 次のA～Eの文は、日本のおもな川について説明したものです。A～Eの文について、あとの各問いに答えましょう。
→ 解答は99ページ

A　大阪平野を通って大阪湾に注ぐこの川は、近畿地方の水がめともいうべき（　1　）湖から流れ出しています。

B　この地方でもっとも高い（　2　）山の付近から流れ出すこの川の下流には、かつて川が蛇行していたなごりである三日月湖が多く見られます。

C　この川は、久住山と阿蘇山から流れ出したいくつかの川が、日田盆地で合流し、（　3　）平野を通って有明海に注ぎこんでいます。

D　東北地方の南部から流れ出すこの川は、米沢盆地、（　4　）盆地、新庄盆地をぬけ、庄内平野を通って日本海に注ぎこんでいます。

E　笛吹川と釜無川が（　5　）盆地で合流し、駿河湾に注ぎこむこの川は、Dの川とともに、三急流の1つとして知られています。

□**問1**　A～Eの文中の（　1　）～（　5　）にあてはまる地名をそれぞれ答えましょう。

□**問2**　A～Eの文が説明している川の名をそれぞれ答えましょう。また、その川の位置を下の地図中のア～ケから選び、それぞれ記号で答えましょう。

レベル **B** 問題演習　　日能研正答率 80% 〜 50%

◆　日本の山地や山脈がえがかれた次の地図について、あとの各問いに答えましょう。

→ 解答は99ページ

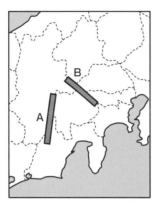

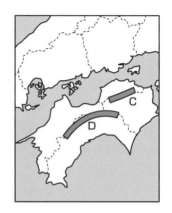

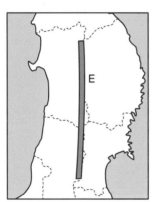

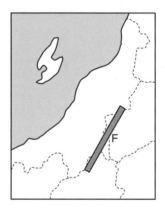

□**問1**　上の地図中のA〜Fの山地・山脈の中には、周辺の気候に大きな影響をあたえているものがあります。次の①〜③の文にあてはまる山地・山脈を選び、それぞれ記号で答えましょう。

①　この山脈を境に、冬は北陸地方に大量の雪が降るが、関東地方には乾燥した冷たい風がふき、晴れの日が続く。

②　この山地は、夏の南東の季節風をさえぎるため、この地方の気候を太平洋側と瀬戸内海側とに大きく分けている。

③　この山脈は、東に高地、西に山地をのぞみ、この地方の日本海側と太平洋側の気候に大きな影響をあたえている。

問2　上の地図中のA〜Fの山地・山脈は、それぞれ都道府県の境になっています。このことについてのべた次の文を読んで、(1)〜(3)の問いに答えましょう。

- 地図中のＡの山脈は、（　１　）・山梨県・静岡県の境になっています。
- 地図中のＢの山地は、（　１　）・山梨県・埼玉県・東京都・群馬県の境になっています。
- 地図中のＣの山脈は、（　２　）・香川県の境になっています。
- 地図中のＤの山地は、（　２　）・高知県・愛媛県の境になっています。
- 地図中のＥの山脈は、（　３　）・山形県・宮城県・岩手県の境になっています。
- 地図中のＦの山脈は、（　４　）・新潟県・群馬県の境になっています。

□(1)　文中のＡの山脈とＢの山地の名をそれぞれ答えましょう。また、文中の（　１　）にあてはまる県の名を前の地図を参考にして答えましょう。

□(2)　文中のＣの山脈とＤの山地の名をそれぞれ答えましょう。また、文中の（　２　）にあてはまる県の名を前の地図を参考にして答えましょう。

□(3)　文中のＥ・Ｆの山脈の名をそれぞれ答えましょう。また、それぞれの山脈が境になっている文中の（　３　）・（　４　）にあてはまる県の組み合わせとして正しいものを下のア〜エから選び、記号で答えましょう。

   ア　３　福島県　　　　４　青森県

   イ　３　秋田県　　　　４　福島県

   ウ　３　青森県　　　　４　福島県

   エ　３　秋田県　　　　４　青森県

□**問3**　前の地図中のＡ〜Ｆの山地・山脈の中には、境を接する２つの都道府県の農業や人々の生活にも大きな影響をあたえるものがあります。次の①・②の文にあてはまる山地・山脈を選び、それぞれ記号で答えましょう。

①　北側は、雨が少ないことから、かつては多くのため池がつくられてきました。1974年、この山脈をつらぬくトンネルがつくられ、この山脈の南側を流れる吉野川から水を引くことができるようになりました。

②　この山脈は、夏の雨をもたらす季節風をさえぎるため、さくらんぼの有数の産地として知られる最上川上流に位置する内陸の盆地の降水量を少なくしています。

□**問4**　次のア〜オの都道府県の組み合わせのうち、山地や山脈が境になっていないものを２つ選び、記号で答えましょう。

   ア　富山県と長野県　　　　イ　山口県と福岡県　　　　ウ　岡山県と鳥取県

   エ　三重県と滋賀県　　　　オ　千葉県と茨城県

第 4 回

日本の気候

 要点ピックアップ

1 日本の気候の特色

①日本の大部分が温帯にふくまれ、四季の変化がはっきりしている。
②梅雨や台風などの影響で、世界の中でも降水量が多い。

2 日本の気候と風

①**季節風**　季節によって風向きをかえる風のこと。夏は南東から、冬は北西からふく。
②**やませ**　初夏のころ、東北地方の太平洋岸にふく北東の冷たい風。
③**からっ風**　冬の北西季節風が越後山脈をこえて関東地方にふきおろしてくる冷たい風。
④**フェーン現象**　しめったあたたかい風が山をこえるときに水分を失って、かわいた熱風
　　　　　　　　となってふきおろし、山の風下側の地域が高温になる現象。

3 日本の気候区

①**北海道の気候**　緯度が高いため、気温が低い。梅雨や台風の影響をほとんど受けないの
　　　　　　　　で、降水量が少ない。
②**日本海側の気候**　北西の季節風の影響を強く受けるため、冬の降水量が多い。
③**太平洋側の気候**　南東の季節風の影響を強く受けるため、夏の降水量が多い。
④**内陸性の気候**　まわりを山にかこまれ、季節風がさえぎられるので、降水量が少ない。
　　　　　　　　１日(昼と夜)や１年(夏と冬)の気温差が大きい。
⑤**瀬戸内の気候**　四国山地と中国山地によって、夏と冬の季節風がさえぎられるので、
　　　　　　　　降水量が少ない。
⑥**南西諸島の気候**　緯度が低いため、気温が高い。梅雨や台風の影響を強く受けるので、
　　　　　　　　降水量が多い。

4 気象災害

①**冷害**　夏の低温によって農作物が実らない災害。東北地
　　　方の太平洋側や北海道東部でよくおこる。
②**干害**　降水量が少ないために農作物がかれる災害。瀬戸
　　　内地方でよくおこる。
③**雪害**　大雪で交通がまひしたり、雪の重さで家がおしつ
　　　ぶされたりする災害。北陸地方でよくおこる。
④**風水害**　強風や集中豪雨で、こう水や土砂くずれなどが
　　　　おこる災害。梅雨や台風の時期に、西日本の太
　　　　平洋岸でよくおこる。

気象災害を受けやすい地域

冷害
干害
雪害
風水害

レベル **A** 問題演習　日能研正答率 100% 〜 80%

◆ 次の地図中のA〜Fは、日本の6つの気候区をしめしています。これについて、あと
の各問いに答えましょう。　　　　　　　　　　　　　　　　　→ 解答は100ページ

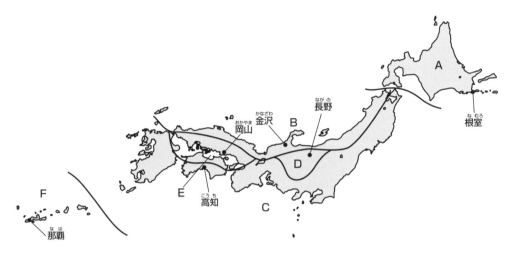

問1 次の㋐〜㋕の文は、日本の6つの気候区について説明したものです。これについて、
⑴〜⑷の問いに答えましょう。

㋐ まわりの山地・山脈によって夏と冬の季節風がさえぎられるため、1年を通じて降
水量が少なくなっています。また、₁年間を通して気温が低く、1日の気温差や1年
の気温差が大きくなっています。

㋑ 1年を通じて気温が低く、また梅雨や台風の影響をほとんど受けないため、降水量
が少なくなっています。

㋒ 冬の季節風の影響を強く受けるため、冬に降水量が多くなっています。₂夏はかな
り高温になり、降水量は冬より少なくなります。

㋓ 夏の季節風の影響を強く受けるため、夏に降水量が多くなっています。冬は季節風
が山地をこえるときに水分を失うので、降水量が少なくなっています。

㋔ 1年を通じて気温が高く、また梅雨や台風の影響を強く受けるため、降水量が多く
なっています。

㋕ 夏の季節風が（　イ　）山地、冬の季節風が（　ロ　）山地によってさえぎられるため、
1年を通じて降水量が少なくなっています。また、海に面しているため寒暖の差が比
較的小さく、温暖な気候です。

□⑴ ㋐〜㋕が説明している気候区を地図中のA〜Fから選び、それぞれ記号で答えましょ
う。

□⑵ ㋐の文中の下線部1について、㋐の気候区の気温が低い理由としてふさわしいもの
を次ページから選び、記号で答えましょう。

レベル　A　問題演習

ア　沖を流れる海流が寒流のため。

イ　海抜高度が高いため。

ウ　からっ風がふきおろすため。

□(3)　(う)の文中の下線部2について、(う)の気候区で夏に高温になるのは、しめった風が山をこえるときに水分を失って、かわいた熱風となってふきおろすからです。この現象を何といいますか。

□(4)　(か)の文中の（　イ　）・（　ロ　）にあてはまる山地の名をそれぞれ答えましょう。

□問2　次の①～③の文は、前の地図中のA～Fのいずれかの気候区でおこなわれている農業について説明したものです。①～③にあてはまる気候区を前の地図中のA～Fから選び、それぞれ記号で答えましょう。

①　この地域の気候を生かして、さとうきびやパイナップルの栽培がさかんです。

②　夏の気候の特色を生かして、キャベツ・はくさい・レタスなどを時期をずらして栽培しています。

③　気候の特徴や土地の性質から、この地域では畑作や酪農が中心におこなわれています。

□問3　前の地図中の、根室・金沢・高知・長野・岡山・那覇の6つの都市の雨温図としてふさわしいものを下から選び、それぞれ記号で答えましょう。

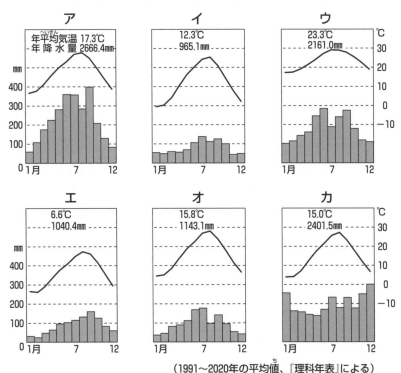

（1991～2020年の平均値、『理科年表』による）

レベル B 問題演習

日能研
正答率 80% 〜 50%

◆　次の㋐〜㋔の文は、ある地域でおこる気象災害（さいがい）についてのべたものです。これを読んで、あとの各問いに答えましょう。

→ 解答は100ページ

㋐　この地域では、年間を通して降水量（こうすい）が少なくなっています。特に夏は晴天が続き、水不足がおこり、農作物がかれる被害（ひがい）にあいやすくなっています。

㋑　この地域では、雪が多く降（ふ）るため、家がつぶれたり、交通機関が止まるなど、人々の生活に大きな被害をおよぼしています。

㋒　この地域では、寒流の上を温暖（おんだん）でしめった風がふきつけることで、濃（こ）い霧（きり）が発生し、　　　　　　　　　ため、夏でも気温があまり上がりません。

㋓　この地域では、寒流の上をわたってくる冷たい北東風が、夏にふきつけて、冷害を引きおこすことがあります。

㋔　この地域では、台風や集中豪雨（こうう）によって水害にあいやすくなっています。そのために集落全体を高い堤防（ていぼう）でかこい、こう水から守っています。

□**問1**　㋐〜㋔の文がしめしている地域を下の地図中から選び、それぞれ記号で答えましょう。

レベル B　問題演習

問2　㋐の地域にある平野では、水不足を解消（かいしょう）するために、満濃池（まんのういけ）をはじめとして、大小2万ものため池をつくって、水を確保（かくほ）してきました。これについて、(1)・(2)の問いに答えましょう。

□(1)　この平野の名を答えましょう。

□(2)　この平野で水不足がおこる理由として、山地・山脈の影響（えいきょう）で降水量が少ないこと以外に、大きな川がないことがあげられます。そのため1974年には、となりの県にある川から水を引いて、用水路がつくられました。この用水路の名を答えましょう。また、用水を引いた川の名を答えましょう。

□**問3**　㋑の地域では、雪害からくらしを守るためにさまざまなくふうをしています。その説明としてあやまっているものを下から選び、記号で答えましょう。

　ア　家の柱を太くして、雪の重みにたえられるようにしています。

　イ　地下水を利用して、雪をとかすパイプをもうけています。

　ウ　家の軒先（のきさき）を長くのばして、歩道をもうけています。

　エ　かわらをしっくいでかためて、雪がとけやすいようにしています。

□**問4**　㋒の地域について、□□□□□□□にあてはまる文を答えましょう。

□**問5**　㋓の地域の気象災害について、この地域にふく冷たい北東風を何といいますか。

□**問6**　㋔の地域について、この地域に見られる、堤防でかこまれた集落を何といいますか。

□**問7**　㋔の地域だけでなく、日本の各地で、こう水やがけくずれなどがおこったり、家が倒（たお）されたり、田畑が流されたりする風水害がおこっています。特に都市部では都市特有の理由から風水害を受けやすくなっています。この理由としてあやまっているものを下から選び、記号で答えましょう。

　ア　川を埋（う）め立てる開発が進み、大きな川がなくなってきているから。

　イ　多くの都市が、川にそった平野部にあるから。

　ウ　今まで開発されなかった山地や斜面（しゃめん）までが、住宅地（じゅうたくち）として開発されているから。

　エ　道路がコンクリートで固められて、地面に水がしみこまないから。

第5回 日本の人口

要点ピックアップ

1 日本の総人口

①日本の総人口は、約1億2500万人である（2022年10月1日現在）。

②日本は世界で11番目に人口の多い国である（2022年）。2022年現在、世界でもっとも人口の多い国は中国、次いでインド、アメリカの順である。

③**人口密度**　1㎢あたりの人口。日本の人口密度は330人／㎢（2022年10月1日現在）。

2 地域による人口の分布

①**三大都市圏**　東京・大阪・名古屋を中心とする地域に、日本の人口の半分近くが集まっている。

②**人口の多い都道府県**　東京都・神奈川県・大阪府・愛知県・埼玉県の順（2022年）。

③**人口の少ない都道府県**　鳥取県・島根県・高知県・徳島県・福井県の順（2022年）。

④**過密と過疎**　人口が多い地域では過密、人口が少ない地域では過疎の問題をかかえる。

⑤**ドーナツ化現象**　都心部の人口が減少し、その周辺部の人口が増加する現象。

3 産業別人口

①**第1次産業**　農業・林業・水産業。全体の約3％にすぎない（2020年）。

②**第2次産業**　工業・鉱業・建設業。24％をきり、へってきている（2020年）。

③**第3次産業**　商業・サービス業・運輸業・金融業など。70％をこえている（2020年）。

4 年齢別人口

①**人口ピラミッド**　男女別・年齢別の人口をあらわしたグラフ。

②**進む高齢化**　2020年の日本人の平均寿命は男性が81.6歳、女性が87.7歳と、世界の中でももっとも高い水準にある。

総人口にしめる65歳以上の割合は28.6％（2020年）で、今後さらにその割合は大きくなっていく。

高齢者を支える生産年齢人口（15～64歳）の負担が重くなるなどの心配がある。

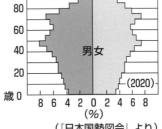

（『日本国勢図会』より）

③**少子化**　1人の女性が生涯にうむ子どもの平均の数は、1970年には2.13人だったが、2020年は1.33人であった。

レベル A 問題演習

◆　人口について、あとの各問いに答えましょう。

→ 解答は100・101ページ

問1　次の表は、世界の国々を人口の多い順にならべたものです。これを見て、(1)～(3)の問いに答えましょう。

順位	国名	人口(万人)	面積(万㎢)	順位	国名	人口(万人)	面積(万㎢)
1	A	142589	960	6	ナイジェリア	21854	92
2	B	141717	329	7	ブラジル	21531	851
3	アメリカ	33829	983	8	バングラデシュ	17119	15
4	インドネシア	27550	191	9	ロシア	14471	1710
5	パキスタン	23583	80	10	メキシコ	12750	196
				11	日本	12495	38
					合計	C	13009

（人口2022年、面積2021年　『日本国勢図会』より）

□(1)　表中の　A　・　B　にあてはまる国の名をそれぞれ答えましょう。

□(2)　表中の　C　には、世界の総人口があてはまります。もっとも近いものを下から選び、記号で答えましょう。

　　ア　400000　　　**イ**　600000　　　**ウ**　800000　　　**エ**　1000000

□(3)　ある国の人口を見るとき、その国の面積も考え、人口のこみぐあいをしめしたものを人口密度といいます。人口密度は、1㎢あたりに何人いるかをあらわします。日本の人口密度にもっとも近いものを下から選び、記号で答えましょう。

　　ア　230人／㎢　　**イ**　330人／㎢　　**ウ**　430人／㎢　　**エ**　530人／㎢

□**問2**　今は世界で11番目に人口の多い日本ですが、昔から人口が多かったわけではありません。右のグラフは日本の総人口の動きをあらわしたものですが、これを見ると、明治時代に人口が急激にふえています。その時期に人口が大きくふえた理由を下から選び、記号で答えましょう。

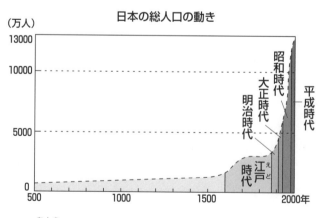

日本の総人口の動き

ア　医学が進歩したり、衛生に対する知識が人々に広まったりしたから。

イ　農業技術が進歩して大豊作が続き、食料の不足がなくなったから。

ウ　長い戦国時代が終わって平和な世の中になり、戦争で死亡する人がへったから。

問3 右のグラフは、日本で特に人口の多い3つの都市を中心とする地域（3大都市圏）の人口割合をあらわしたものです。人口の集中した地域について、(1)～(4)の問いに答えましょう。

3大都市圏の人口割合

A50km圏 27.3%
B50km圏 13.3
C 50km圏 7.4
その他 52.0

(2021年 『日本国勢図会』より)

□(1) 右のグラフのA～Cにあてはまる都市として正しくないものを下から選び、記号で答えましょう。

ア 福岡　　イ 名古屋
ウ 東京　　エ 大阪

□(2) 3大都市圏などの都市部では、人口が集中しすぎてしまい、そこに住む人々の生活に不都合なことがおこっています。このような状態を何といいますか。また、その状態からおこる問題点として正しくないものを下から選び、記号で答えましょう。

ア 土地のねだんが高くなる。
イ 食料や水が足りなくなる。
ウ 電車や道路がこみあう。
エ 公害が発生しやすい。

□(3) 3大都市圏のそれぞれの中では、中心部よりもその周辺部のほうが人口のふえ方が大きくなっています。このような現象を何といいますか。

□(4) 3大都市圏のそれぞれの中心部では、昼と夜のどちらの人口のほうが多いと考えられますか。昼ならば**ア**、夜ならば**イ**の記号で答えましょう。

問4 次のグラフは、日本の産業別人口の割合の移り変わりをあらわしたものです。産業別人口について、あとの(1)～(3)の問いに答えましょう。

日本の産業別人口の移り変わり

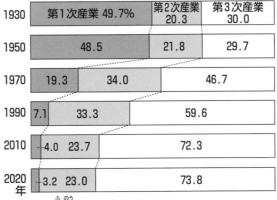

年	第1次産業	第2次産業	第3次産業
1930	49.7%	20.3	30.0
1950	48.5	21.8	29.7
1970	19.3	34.0	46.7
1990	7.1	33.3	59.6
2010	4.0	23.7	72.3
2020年	3.2	23.0	73.8

※分類不能は、第3次産業にふくめた。
(2020年は『日本国勢図会』、その他は国勢調査による)

レベルA 問題演習

□(1)　グラフを読み取ったものとして正しくないものを下から選び、記号で答えましょう。

ア　第１次産業で働く人の割合は年々へり続け、今では100人に３人の割合でしかない。

イ　第２次産業で働く人の割合は、太平洋(たいへいよう)戦争後へり続けている。

ウ　第３次産業で働く人の割合を1930年と2020年でくらべると、２倍以上にふえている。

□(2)　次のあ～えの仕事は、第何次産業にふくまれますか。１～３の数字でそれぞれ答えましょう。

㋐ 商業	㋑ 農業	㋒ 工業	㋓ 水産業

□(3)　次のア～ウの地図は、第１次産業・第２次産業・第３次産業のそれぞれについて、その人口割合が全国平均(へいきん)よりも高い都道府県をしめしたものです。このうち、第１次産業人口についてあらわしたものを選び、記号で答えましょう。

ア　　　**イ**　　　**ウ**

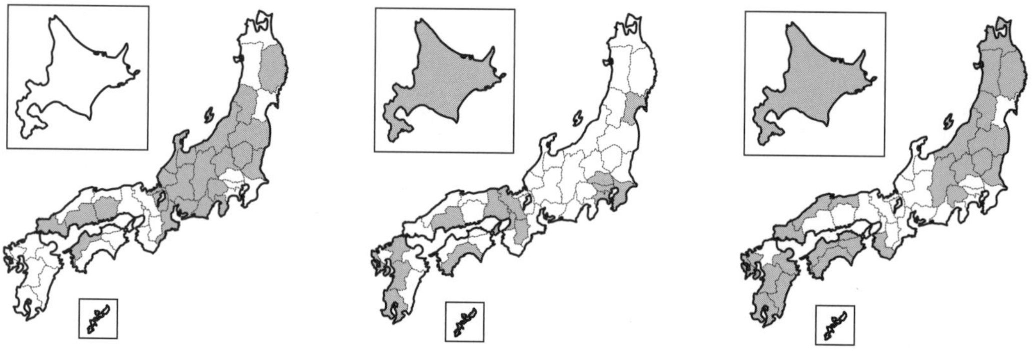

（「令和２年国勢調査」より作成）

レベル　B　問題演習

日能研
正答率 80% ～ 50%

◆　日本の人口について、次のグラフは、1935年と2020年の日本の年齢別の人口構成をあらわしたものです。これらのグラフを見て、あとの各問いに答えましょう。

→ 解答は101ページ

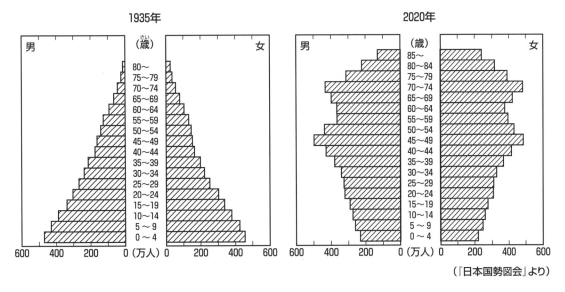

（『日本国勢図会』より）

問1　次のＡ・Ｂの文は、1935年のグラフを見て、わかったことをのべたものです。このことについて、⑴・⑵の問いに答えましょう。

> Ａ　グラフを見ると、（　１　）年齢層から（　２　）年齢層にいくにつれて人口がへっています。これはうまれてくる子どもの数が多く、人口増加率が（　２　）ことをしめしています。
> Ｂ　グラフを見ると、出生率と死亡率がともに高い（　　　）型の人口構成になっています。

☐⑴　Aの文中の（　１　）・（　２　）にあてはまることばを、「高い」または「低い」ということばを使ってそれぞれ答えましょう。

☐⑵　Bの文中の（　　　）にあてはまることばを下から選び、記号で答えましょう。
　　ア　少産少死　　　　イ　少産多死　　　ウ　多産少死　　　エ　多産多死

問2　次のＡ～Ｃの文は、2020年のグラフを見て、わかったことをのべたものです。このことについて、あとの⑴～⑶の問いに答えましょう。

レベル B　問題演習

> A　グラフを見ると、45〜49歳の人口と70〜74歳の人口がそれぞれ多くなっています。
>
> B　グラフを見ると、85歳以上の女性に比べ、同年代の男性の人口が少なくなっています。
>
> C　グラフを見ると、高い年齢層の人口が多く、低い年齢層の人口が少なくなっています。

□(1)　Aの文中のそれぞれの年齢層の人口がふえた時期を何といいますか。カタカナで答えましょう。

□(2)　Bの文について、平均寿命以外の理由としてふさわしいものを下から選び、記号で答えましょう。

　　ア　働き口を求めて、外国に多くの男性が移り住んだから。

　　イ　多くの男性が太平洋戦争でなくなったから。

　　ウ　伝染病が流行して多くの男性がなくなったから。

(3)　Cの文について、①〜④の問いに答えましょう。

□①　高い年齢層の人口が多い理由のひとつとして、日本人の平均寿命がのびたことがあげられます。現在の男性・女性の平均寿命を下から選び、それぞれ記号で答えましょう。

　　ア　72歳　　　　イ　82歳　　　　ウ　88歳　　　　エ　91歳

□②　現在日本の人口にしめる65歳以上の人口の割合は、28%に達しています。このように65歳以上の人口割合が高い社会を何社会といいますか。また、このような社会が進むと、どんな問題がおこると考えられますか。ふさわしくないものを下から選び、記号で答えましょう。

　　ア　お年よりを養う若い人たちの経済的・社会的な負担が増大していく。

　　イ　核家族化が進み、ひとり暮らしのお年よりの数がふえる。

　　ウ　お年よりの受け取る年金の額が少なくなる。

　　エ　お年よりの人口がふえて、若い人の働き口が少なくなる。

□③　15〜64歳までの人口を生産年齢人口といい、現在人口の約60%をしめており、この年齢層が人口の約28%をしめる65歳以上の人の生活を支えている計算になります。この生産年齢人口は、65歳以上の人、1人あたりの生活を何人で支えていることになりますか。もっとも近い数字を下から選び、記号で答えましょう。

　　ア　1.4人　　　　イ　2.1人　　　　ウ　4.2人　　　　エ　6.0人

□④　1人の女性が生涯にうむ子どもの平均の数が低下した理由としてふさわしくないものを下から選び、記号で答えましょう。

　　ア　女性が結婚する年齢が高くなっているから。

　　イ　女性が社会に進出するようになり、職につく女性がふえたから。

　　ウ　日本政府が、女性に対する年金の補助をうちきったから。

第 6 回

日本の農業

 要点ピックアップ

1 米づくり

稲はもともと熱帯の植物だが、日本の高温多雨の気候に合うため、米は長い間日本人の主食となっている。

①**食生活の変化** 戦後、日本人の食生活が洋風化したため、日本人の米の消費量はへっている。

②**米のとれ高の多い地域** 日本では、北陸や東北、北海道など寒い地域でとれ高が多い。その理由として、農家１戸あたりの耕地面積が広いことや、冬は積雪や寒さで裏作ができないので、夏の米づくりに力を入れていることがあげられる。都道府県別のとれ高は、新潟県・北海道・秋田県・山形県・宮城県の順に多い(2021年)。

2 野菜づくり

①**近郊農業** 大消費地である東京・大阪・名古屋などの周辺でおこなわれる農業。

②**促成栽培** 冬でもあたたかい気候を利用して、ビニールハウスを使い、夏にできる野菜(ピーマン・なす・きゅうり・トマトなど)を冬につくる。宮崎平野や高知平野でさかん。

③**抑制栽培** 夏でもすずしい気候を利用して、春や秋にできる野菜(キャベツ・レタス・はくさいなどの高原野菜)を夏につくる。群馬県の嬬恋村や長野県の野辺山原でさかん。

3 くだものづくり

①日本は南北に長く、各地で気候が異なるので、各地で気候に合わせたさまざまなくだものがつくられている。みかんはあたたかい地域で、りんごはすずしい地域で多くつくられている。 → **例** みかん…和歌山県、愛媛県、静岡県、熊本県など　りんご…青森県、長野県など

②**豊作貧乏** くだものは野菜と同じように、とれ高によってねだんが大きく変化するので、とれすぎるとねだんが下がって、利益が得られなくなる。

4 その他の畑作物

①**工芸農作物** 茶・たばこ・さとうきびなど、とり入れた後、手を加えて工業製品の原料などになる作物。

②**小麦** パンやめん類などの原料になる。

③**大豆** 食用油・みそ・しょうゆなどの原料になる。

④**いも類** さつまいもは鹿児島県、じゃがいもは北海道で多く生産されている。

レベル **A** 問題演習　　　日能研 正答率 100% 〜 80%

◆ 日本の米づくりについて、あとの各問いに答えましょう。

→ 解答は101ページ

□ **問1**　米づくりが日本で広まった理由として、日本の気候が稲（いね）の生育（せいいく）に適（てき）していたことがあげられます。次の文は、稲の生育に適した日本の気候をのべたものです。文中の（　1　）・（　2　）にあてはまることばをそれぞれ答えましょう。ただし、文中の（　2　）には季節の名があてはまります。

> 6月から7月にかけての（　1　）の時期にたくさんの雨が降（ふ）ることや（　2　）にかなり気温が高くなるなど、稲の生育に必要な条件（じょうけん）にめぐまれていた。

問2　次のグラフ1は、地方別の米のとれ高の割合（わりあい）をあらわしたものです。このグラフについて、(1)〜(3)の問いに答えましょう。

グラフ1　地方別の米のとれ高の割合

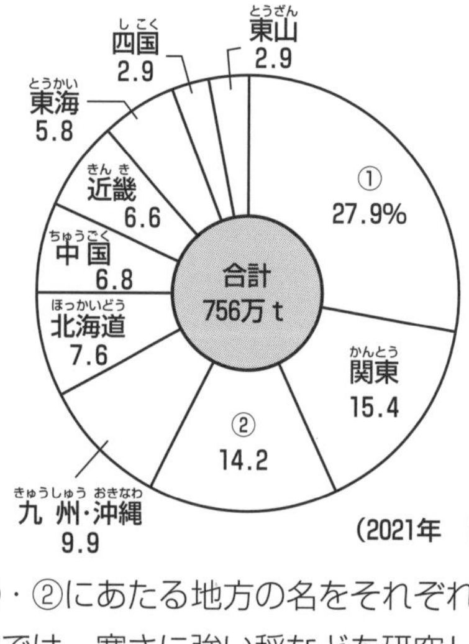

四国（しこく） 2.9
東山（とうざん） 2.9
東海（とうかい） 5.8
近畿（きんき） 6.6
中国（ちゅうごく） 6.8
北海道（ほっかいどう） 7.6
① 27.9%
合計 756万t
関東（かんとう） 15.4
② 14.2
九州・沖縄（きゅうしゅう・おきなわ） 9.9

※東山…山梨（やまなし）・長野（ながの）の2県

(2021年 『日本国勢図会』より)

□(1)　グラフ1中の①・②にあたる地方の名をそれぞれ答えましょう。

□(2)　(1)で答えた地方では、寒さに強い稲などを研究し、つくり出すくふうをしてきました。このことを何といいますか。

□(3)　(1)で答えた地方での米づくりのようすとしてふさわしいものを下から選び、記号で答えましょう。

　　ア　温暖（おんだん）な気候を利用して米の二期作がおこなわれている。

　　イ　おもに夏の米づくりに力を入れる米の単作がおこなわれている。

　　ウ　日あたりのよい扇状地（せんじょうち）を利用した米づくりがおこなわれている。

問3　次のグラフ2は、米のとれ高が多い上位5つの都道府県のとれ高をあらわしたものです。このグラフについて、(1)・(2)の問いに答えましょう。

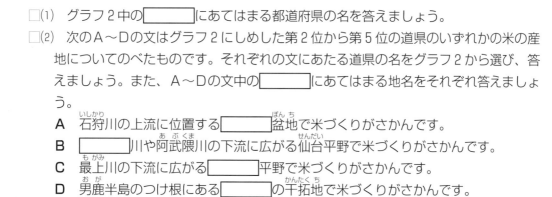

グラフ2　上位5都道府県と米のとれ高

（2021年　『日本国勢図会』より）

☐(1)　グラフ2中の　　　　　　　にあてはまる都道府県の名を答えましょう。

☐(2)　次のA〜Dの文はグラフ2にしめした第2位から第5位の道県のいずれかの米の産地についてのべたものです。それぞれの文にあたる道県の名をグラフ2から選び、答えましょう。また、A〜Dの文中の　　　　　　　にあてはまる地名をそれぞれ答えましょう。

A　石狩川の上流に位置する　　　　　　盆地で米づくりがさかんです。

B　　　　　　川や阿武隈川の下流に広がる仙台平野で米づくりがさかんです。

C　最上川の下流に広がる　　　　　　平野で米づくりがさかんです。

D　男鹿半島のつけ根にある　　　　　　の干拓地で米づくりがさかんです。

レベル B 問題演習

日能研
正答率　80% ～ 50%

◆ 　日本の畑作について、あとの各問いに答えましょう。　→ 解答は101・102ページ

I 　くだものづくりについて、次の地図は、日本で生産されているおもなくだもののとれ高が
　多い上位5都道府県をしめしたものです。

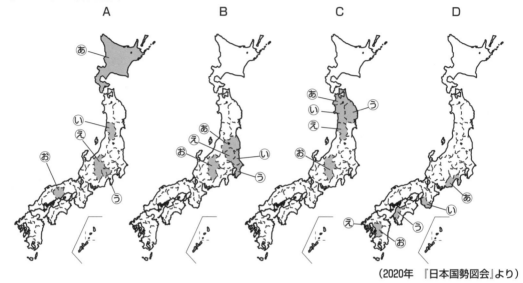

(2020年　『日本国勢図会』より)

□**問1**　上のA〜Dの地図にあてはまるくだものを下から選び、それぞれ記号で答えましょう。
　　ア　さくらんぼ　　　**イ**　りんご　　　**ウ**　ぶどう
　　エ　もも　　　　　　**オ**　みかん　　　**カ**　日本なし

□**問2**　上のA〜Dの地図中からそれぞれのくだもののとれ高がもっとも多い都道府県を選び、
　　⑂〜⑰の記号で答えましょう。

□**問3**　上のAの地図でくだもののとれ高がもっとも多い都道府県は、これ以外のくだもので
　　もとれ高が日本一となっています。そのくだものを問1のア〜カから選び、記号で答え
　　ましょう。

II 　野菜づくりについて、次のグラフは、おもな野菜のとれ高を都道府県別の割合でしめした
　　ものです。

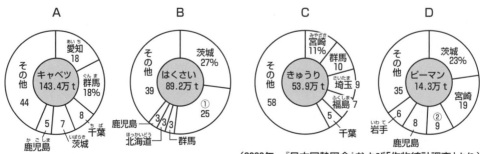

(2020年　『日本国勢図会』および「作物統計調査」より)

□**問4**　いたみやすく保存のきかない野菜は、大都市の近くでさかんにつくられています。このように大都市の近くでおこなわれる農業を何といいますか。

問5　高速道路の整備やカーフェリーの開通など、交通の発達によって、最近では大都市からはなれたところでもその土地の気候を生かして都市向けの野菜をつくるようになりました。なかでも群馬県では、夏でもすずしい気候を利用したA・Bのような野菜のおそづくりがさかんにおこなわれています。このことについて、(1)～(4)の問いに答えましょう。

□(1)　このような野菜の栽培方法を何といいますか。

□(2)　Bのグラフ中の①でも、野菜のおそづくりがさかんにおこなわれています。①にあてはまる県の名を答えましょう。

□(3)　群馬県と①の県で特に野菜のおそづくりがさかんな地域の名を下から選び、それぞれ記号で答えましょう。

　　ア　大潟村　　　　　**イ**　野辺山原　　　　**ウ**　東海村
　　エ　シラス台地　　　**オ**　嬬恋村

□(4)　標高の高い土地でつくられている野菜を何といいますか。

問6　時期をずらした野菜づくりがさかんなのは、群馬県や①の県だけではありません。C・Dのグラフ中に見られる宮崎県では、冬でもあたたかい気候を利用した野菜の早づくりがさかんにおこなわれています。このことについて、(1)～(3)の問いに答えましょう。

□(1)　このような野菜の栽培方法を何といいますか。

□(2)　Dのグラフ中の②でも、野菜の早づくりがさかんにおこなわれています。②にあてはまる県の名を答えましょう。

□(3)　宮崎県や②の県の野菜づくり農家がかかえる問題としてあてはまるものを下から2つ選び、記号で答えましょう。

　　ア　米の生産量をふやすため、国から野菜づくりをやめて、米づくりをするように指導されている。

　　イ　ビニールハウスなど施設費や暖房のための燃料費など、野菜づくりにかかる費用がかさむ。

　　ウ　日本人の食生活が変化し、野菜の消費量がへったため、以前ほど野菜が売れなくなった。

　　エ　毎年のように台風におそわれ、作物が被害を受けるため、農家の収入が不安定になる。

　　オ　同じような野菜づくりをするところがふえ、産地間の競争がはげしくなった。

第 7 回　日本の水産業

要点ピックアップ

1 漁場と漁港

① **潮目**　暖流と寒流が交わるところ。→ 例 三陸沖など。

② **大陸だな**　深さが200mまでの浅い海底。→ 例 東シナ海など。

③ **水あげ量の多い漁港**　銚子港、釧路港、焼津港、境港、石巻港の順に水あげ量が多くなっている(2020年)。

2 とる漁業

① **沖合漁業**　沿岸から30〜50kmほどの沖で、数日間かけておこなう。現在、もっとも漁獲量が多いが、1990年代にいわしの漁獲量の減少により大きくへった。

② **沿岸漁業**　10トン未満の船で、海岸近くで日帰りの漁をする。

③ **遠洋漁業**　数か月にわたって、外国などの遠くの海で漁をする。1970年代に、外国の海で自由に漁ができなくなったので、漁獲量がへった。→200カイリ漁業専管水域

④ **漁法**　まぐろをとるはえなわ、いわしをとるまき網、かつおをとる一本づりなどがある。

はえなわ	まき網	一本づり
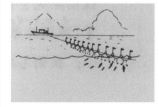		

3 つくり育てる漁業

① **養殖**　浅い海や湖で、魚介類や海そう類を育てて収穫する漁業。
→ 例 かき(広島湾・仙台湾)、ほたて貝(サロマ湖・陸奥湾)、真珠(志摩半島・大村湾・宇和海)、うなぎ(浜名湖)、のり(有明海)など。

② **栽培漁業**　親魚から卵をとり、卵からかえった稚魚をある程度育てて海に放流し、大きくなったらとる漁業。→ 例 さけ・ます(北海道)、くるまえび(瀬戸内海)など。

4 日本の水産業の問題点

① **漁業専管水域**　自国の沿岸から200カイリ(約370km)以内の水産資源を管理できる。1977年に各国が設定し、その後日本の漁獲量は大きくへった。

② **赤潮**　工場や家庭の排水で海がよごれ、プランクトンが異常発生し、海が赤くにごる現象。

③ **領土問題**　日本はロシアとの間で北方領土(北海道)、中国との間で尖閣諸島(沖縄県)、韓国との間で竹島(島根県)の領有権をめぐる主張の対立が続いている。

 問題演習

◆　日本の水産業について、あとの各問いに答えましょう。

→ 解答は102ページ

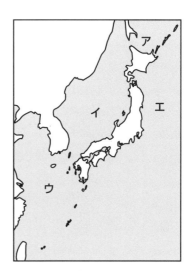

問1　次の①〜③の文は、日本近海の漁場について説明したものです。これらの文を読んで、(1)・(2)の問いに答えましょう。

①　寒流と暖流が出合って(　　　)ができる海域では、海底の栄養分が海面までまき上げられるため、魚のえさとなるプランクトンが豊富です。

②　大陸の東側に広がる海域です。この海域には、(　　　)とよばれる水深が200mくらいまでのなだらかな海底が発達しており、魚のすみかとなる海そうが豊富です。

③　たら・かになどがとれる豊かな海域です。しかし、日本と(　　　)との間の領土問題が未解決であることなどから現在は自由に漁業ができません。

□(1)　①〜③の文にあたる海域がある海や沖の位置を右上の地図中から選び、それぞれ記号で答えましょう。また、①の文にあたる沖の名と②・③の文にあたる海の名をそれぞれ答えましょう。

□(2)　①〜③の文中の(　　　)にあてはまることばや国の名をそれぞれ答えましょう。

問2　次のグラフは、漁業別の漁獲量の移り変わりをあらわしたものです。このグラフについて、あとの(1)〜(3)の問いに答えましょう。

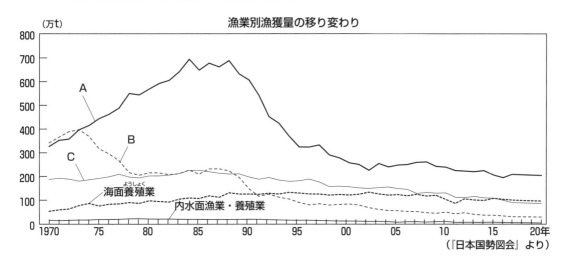

漁業別漁獲量の移り変わり

(『日本国勢図会』より)

レベル A 問題演習

□(1)　前のグラフ中のＡ～Ｃにあたる漁業の種類をそれぞれ答えましょう。

□(2)　グラフ中のＢの漁獲量は1973年を境(さかい)にして急激(きゅうげき)にへっています。また、Ｃの漁獲量ものびなやんでいます。それぞれの理由としてふさわしいものを下から選び、記号で答えましょう。

　　ア　漁に出かける季節に天候不順の日が続いたから。

　　イ　魚の消費量がへり、魚の価格(かかく)が下がっているから。

　　ウ　工場廃水(はいすい)や生活排水(はいすい)によって海が汚染(おせん)されたから。

　　エ　世界的な異常気象(いじょうきしょう)で海流の流れが変化したから。

　　オ　沿岸(えんがん)の国が水産資源(すいさんしげん)の保護(ほご)のために漁を規制(きせい)するようになったから。

□(3)　次の①～③の絵はおもな漁法をあらわしたものです。それぞれの漁法の種類をあとのア～エから選び、記号で答えましょう。また、それぞれの漁法でおもに漁獲される魚をあとのカ～ケから選び、記号で答えましょう。

①	②	③
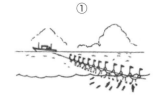		

　　ア　定置網(ていちあみ)　　　**イ**　まき網　　　**ウ**　一本づり　　　**エ**　はえなわ

　　カ　まぐろ　　　**キ**　いわし　　　**ク**　たい　　　**ケ**　かつお

問3　次の地図は、日本のおもな漁港の位置をあらわしたものです。これらの漁港について、あとの(1)・(2)の問いに答えましょう。

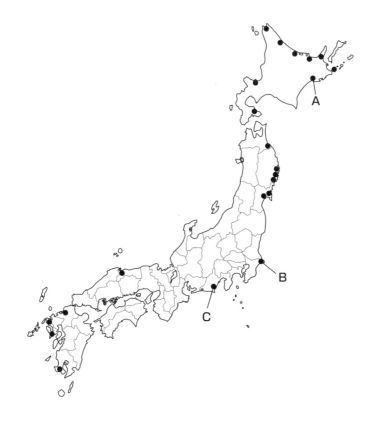

□(1) 地図を見ると、東北地方の太平洋側の海岸に漁港が集まっていることがわかります。これは、近海によい漁場があることのほかに、この海岸が昔から漁港をつくりやすい地形であることがあげられます。この海岸の地形について正しく説明したものを下から選び、記号で答えましょう。

　　ア　南北に数キロメートルものびる砂浜が見られ、その海岸線は単調である。
　　イ　潮の干満の差が大きく、引き潮のときは沖のほうまで干潟が続く。
　　ウ　かつて海岸近くの火山が爆発したさいに飛び散った岩石が積もってできた。
　　エ　かつて山地が海に沈んでできた地形で複雑に入り組んだ入り江が発達している。

□(2) 地図中のA〜Cは、日本で魚の水あげ量が多い漁港です。それぞれの漁港の名を下から選び、記号で答えましょう。

　　ア　銚子港　　　　イ　釧路港　　　　ウ　石巻港
　　エ　焼津港　　　　オ　八戸港

レベル**B**　問題演習　日能研正答率 **80%** 〜 **50%**

◆　日本の水産業がかかえる問題について、あとの各問いに答えましょう。

→ 解答は102ページ

問1　次のグラフは、おもな国の漁獲量の移り変わりをあらわしたものです。このグラフについて、(1)〜(3)の問いに答えましょう。

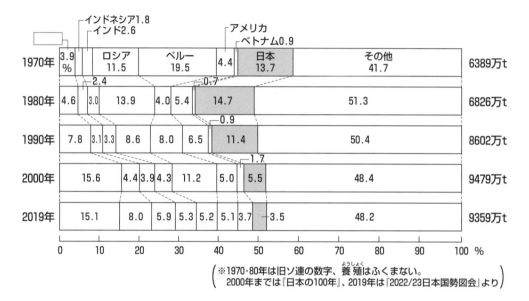

（※1970・80年は旧ソ連の数字、養殖はふくまない。
2000年までは『日本の100年』、2019年は『2022/23日本国勢図会』より）

□(1)　グラフを見ると、日本の漁獲量は1970年に（　A　）についで第2位になっていますが、1980年や1990年は第（　B　）位になっています。また、2019年の日本の漁獲量は第（　C　）位になっています。

　　　（　A　）〜（　C　）にあてはまる国の名や数字をそれぞれ答えましょう。

□(2)　グラフを見ると、現在日本の漁獲量は最盛期にくらべて大きくへっていることがわかります。この理由の1つとして、各国が自国の沿岸から（　　　）カイリの範囲の海を管理できる漁業専管水域を設定したことで日本の漁船による漁が規制されるようになったことがあげられます。

　　　（　　　）にあてはまる数字を答えましょう。

□(3)　グラフ中の　　　　　にあてはまる国の名を書きましょう。

□**問2**　日本は1996年に漁業専管水域にかわって、排他的経済水域を設定しました。しかし現在も、この水域内には、島が外国に占領されているために日本の漁船が自由に漁ができない海域や、島の領有権をめぐって外国との間で漁業問題がおこっている海域があります。次の①〜③の文は、漁業問題と関係が深い島のことをのべたものです。それぞれの島がある場所を地図中のア〜エから選び、記号で答えましょう。

① 尖閣諸島は、中華人民共和国が自国の領土であると主張しています。

② 北方四島は、現在ロシア連邦が占領しています。

③ 竹島は、大韓民国が自国の領土であると主張しています。

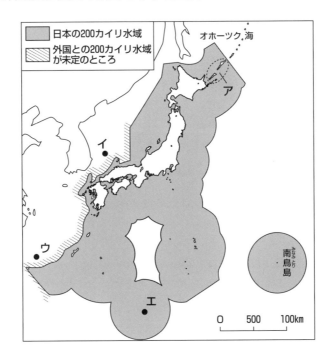

問3 日本の漁獲量が減少している中、養殖業が注目されています。この養殖業について、(1)・(2)の問いに答えましょう。

☐(1) 次の①〜④のグラフは、養殖水産物の都道府県別のとれ高の割合をあらわしたものです。それぞれのグラフにあたるものをあとから選び、記号で答えましょう。

① | 佐賀 26% | 兵庫 22 | 福岡 17 | 熊本 12 | その他 23 |

② | 青森 54% | 北海道 41 | 宮城 4 |
その他 1

③ | 広島 60% | 宮城 12 | 岡山 10 | その他 18 |

④ | 愛媛 43% | 長崎 36 | 三重 14 | その他 7 |

(2020年 『日本国勢図会』ほか)

ア かき類　　**イ** 真珠　　**ウ** ほたて貝　　**エ** のり類　　**オ** うなぎ

☐(2) 現在、注目されている養殖業ですが、一方でさまざまな問題をかかえています。この問題としてふさわしくないものを下から選び、記号で答えましょう。

ア 養殖魚のえさの食べ残しが海をよごす。

イ いけすの中の養殖魚が病気になれば、ほかの養殖魚にも病気がうつる。

ウ 養殖魚は、天然の魚よりも大きくなるのに時間がかかる。

エ 養殖魚は、いわしなどのえさ代がかかる。

第8回 日本の食料輸入

要点ピックアップ

1 日本の食料自給率

①**自給率** 国内で消費される量のうち、どれくらい国内で生産されているかを割合(%)であらわしたもの。

> 国内生産量÷国内消費量（国内生産量＋輸入量－輸出量）×100

おもな食料の自給率 食料総合(供 給熱量自給率)37%、米97%、鶏卵97%、野菜80%、牛 乳・乳製品61%、魚介類57%、肉類53%、果実38%、小麦15%、大豆6％（2020年）。

②**米の輸入** 日本は長い間米を輸入しないでいたが、1995年から消費量の一定割合を輸入するようになった。これをミニマム・アクセス(最低輸入義務)という。1999年からは、ミニマム・アクセスをこえる米の輸入について、関税化して認めることになった。

2 おもな食料の輸入先

①**米** アメリカ・タイ・中国など。
②**肉類** アメリカ・タイ・オーストラリア・カナダ・中国・ブラジルなど。
③**魚介類** 中国・チリ・アメリカ・ベトナムなど。
④**小麦** アメリカ・カナダ・オーストラリアなど。
⑤**とうもろこし** アメリカ・ブラジルなど。
⑥**野菜** 中国・アメリカ・韓国など。
⑦**果実** アメリカ・フィリピン・中国など。
⑧**大豆** アメリカ・カナダ・ブラジルなど。

（『日本国勢図会』より）

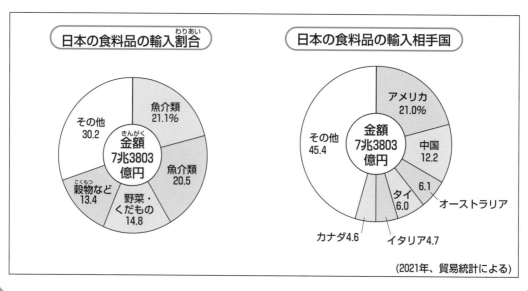

日本の食料品の輸入割合
金額 7兆3803億円
魚介類 21.1%
魚介類 20.5
野菜・くだもの 14.8
穀物など 13.4
その他 30.2

日本の食料品の輸入相手国
金額 7兆3803億円
アメリカ 21.0%
中国 12.2
オーストラリア 6.1
タイ 6.0
イタリア4.7
カナダ4.6
その他 45.4

(2021年、貿易統計による)

レベル **A** 問題演習

日能研
正答率 100% ～ 80%

◆ 日本の食料自給率について、あとの各問いに答えましょう。

→ 解答は102・103ページ

問1 食料自給率が低い日本は、さまざまな食料を外国から輸入しています。そうした食料についてまとめた次の表について、⑴～⑹の問いに答えましょう。

輸入している食料の名	自給率（2020年）	説　明
小　麦	15%	（　1　）やパンの原料になります。
大　豆		2日本の伝統的な食品の原料になります。
とうもろこし	0 %	ほとんどが家畜の飼料として利用されます。
肉　類	53%	3実際には、自給率はもっと低いといわれます。
魚介類	57%	自給率の低下には、（　4　）カイリ漁業専管水域の設定の影響もあるといえます。

□⑴　表中の5つの食料の輸入相手国をしめしているグラフを下から選び、それぞれ記号で答えましょう。

ア
| アメリカ 29% | タイ 15 | オーストラリア 14 | カナダ 11 | 中国 6 | その他 25 |

イ
| アメリカ 73% | カナダ 14 | ブラジル 12 | その他 1 |

ウ
| アメリカ 47% | カナダ 37 | オーストラリア 16 |

エ
| アメリカ 64% | ブラジル 34 | 南アフリカ共和国 1 | その他 1 |

オ
| 中国 18% | チリ 10 | アメリカ 8 | ベトナム 8 | ロシア 8 | その他 48 |

（金額による割合、2020年　『日本国勢図会』より）

レベル **A** 問題演習

□(2)　次の①～③を参考にして、前の表中の ｜　　　　　｜ にあてはまる大豆の自給率をあとの
　　　ア～エから選び、記号で答えましょう。
　　　①　大豆の国内生産量は約22万トンです。
　　　②　日本は大豆を約314万トン輸入しています。
　　　③　日本から外国への大豆の輸出はありません。
　　　ア　1.5%　　　　**イ**　6.5%　　　　**ウ**　12.5%　　　　**エ**　18.5%

□(3)　表中の（　1　）にあてはまる食品の名を下から選び、記号で答えましょう。
　　　ア　そば　　　　**イ**　うどん　　　　**ウ**　ところてん　　　　**エ**　せんべい

□(4)　表中の下線部2について、大豆を原料とする日本の伝統的な食品としてふさわしく
　　　ないものを下から選び、記号で答えましょう。
　　　ア　みそ　　　　**イ**　しょうゆ　　　　**ウ**　豆腐（とうふ）　　　　**エ**　清酒

□(5)　表中の下線部3について、この理由を下から選び、記号で答えましょう。
　　　ア　日本では、家畜を育てるのに必要なえさが自給できていないから。
　　　イ　日本では、海外から輸入された子牛（こうし）や子豚（こぶた）、ひな鳥を育てているから。
　　　ウ　日本で飼育されている家畜は、クローン技術（ぎじゅつ）でふやされているものが多いから。

□(6)　表中の（　4　）にあてはまる数字を答えましょう。

問2　日本は米を長い間外国から輸入しないで自給していま
　　　した。しかし、現在（げんざい）は、税金（ぜいきん）をはらえば自由に米を輸入
　　　できるようになっています。米の輸入について、(1)～(3)
　　　の問いに答えましょう。

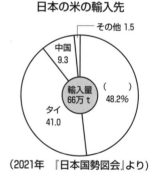

日本の米の輸入先

その他 1.5
中国 9.3
（　　）48.2%
タイ 41.0
輸入量 66万 t

(2021年　『日本国勢図会』より)

□(1)　右のグラフは、日本の米の輸入相手国をしめしてい
　　　ます。グラフ中の（　　　　）にあてはまる国の名を答
　　　えましょう。

□(2)　米を輸入するときにはらう税金を何といいますか。

□(3)　(2)で答えた税金を米の輸入に対してかけることは、
　　　どのような意味があるのでしょうか。下から選び、記号で答えましょう。
　　　ア　ねだんの高い日本の米が、外国産の安い米との価格（かかく）競争に負けることを防ぎ（ふせ）、日
　　　　本の稲作（いなさく）農家を守るとともに、米の自給率を下げないことにつながる。
　　　イ　外国から米を輸入する人々のもうけが大きくなるので、米の輸入がさかんになり、
　　　　結果として日本の米不足を防ぐことにつながる。
　　　ウ　外国との貿易（ぼうえき）がより公正になり、米を日本に輸出する国との関係がよりよくなっ
　　　　ていくことにつながる。

問3 問1・問2でさまざまな食料の輸入について見てきましたが、次のグラフがしめすように、日本は食料の輸入の多くを特定の国に頼っています。このことについて、(1)・(2)の問いに答えましょう。

日本の食料品の輸入相手国

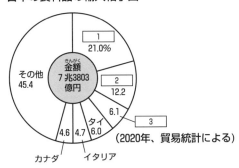

（2020年、貿易統計による）

☐(1) グラフ中の [　1　]〜[　3　] にあてはまる国の組み合わせとして正しいものを下から選び、記号で答えましょう。

ア 1 アメリカ　　　　　2 中国　　　　　3 オーストラリア
イ 1 オーストラリア　　2 アメリカ　　　3 イギリス
ウ 1 アメリカ　　　　　2 ドイツ　　　　3 イギリス

☐(2) 現在のように、特定の国から食料を輸入していることには、いくつかの問題があります。そうした問題としてふさわしいものを下から2つ選び、記号で答えましょう。

ア 日本の伝統的な食べ物や調味料が、日本の食卓から消えてしまう恐れがある。

イ 日本で生産された農作物が売れなくなり、生活に困る農家が出てくる恐れがある。

ウ 日本が食料の輸入相手国と政治的な問題をかかえたときに、日本から強い要求を打ち出しにくくなる恐れがある。

エ 輸送にかかる長い日数で農作物が傷まないように、人体に悪い影響があるかもしれない防カビ剤などがかけられる恐れがある。

オ おもな食料の輸入相手国で農作物が不作になったり、戦争などの社会の混乱があったときに、日本に十分な食料が輸出されなくなる恐れがある。

レベル **B** 問題演習

日能研正答率 **80%** 〜 **50%**

◆　日本の食料自給率が低いことは、日本の農家がかかえているさまざまな問題とも関係が深いようです。日本の農家がかかえる問題点について、次の文章を読み、あとの各問いに答えましょう。

→　解答は103ページ

　₁日本は外国にくらべて国土面積にしめる農地の面積の割合がとても低くなっています。日本の農地の面積はおよそ（　2　）万haですが、これに対して、農業経営体の数はおよそ103万戸あり、日本の農業経営体あたりの経営耕地面積はわずか（　3　）haです。農業だけで生活していくためには、少なくとも4haの土地が必要だといわれているのに、北海道をのぞくと、1haにさえ満たない農家は全体のおよそ（　4　）％にもなっています。このように、日本では一戸の農家がもつ農地が大変せまいため、農業だけで生活していくことがむずかしくなっています。そのため、₅農業以外の仕事をしている農家が多くなっています。また、性別ではやや（　6　）の割合が高く、また年齢別で見ると（　7　）の割合が高いのが現状です。

□ **問1**　文章中の下線部1について、この理由としてふさわしいものを下から選び、記号で答えましょう。

　　ア　外国にくらべて、日本は国土の総面積がせまいから。
　　イ　外国にくらべて、日本の国土は山地の割合が高いから。
　　ウ　外国にくらべて、日本は第1次産業人口の割合が高いから。

□ **問2**　次のグラフ1・2を参考にして、文章中の（　2　）〜（　4　）にあてはまる数字をあとのア〜キから選び、それぞれ記号で答えましょう。

グラフ1　国土面積にしめる農地の割合（2021年）

農地11.5%　｜　その他88.5　｜　3780万ha

グラフ2　耕地の広さ別農業経営体数の割合（2021年）

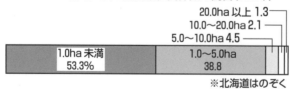

20.0ha 以上 1.3
10.0〜20.0ha 2.1
5.0〜10.0ha 4.5
1.0ha 未満 53.3%　｜　1.0〜5.0ha 38.8

※北海道はのぞく

（『日本国勢図会』より）

ア	1	イ	3	ウ	35	エ	55
オ	90	カ	400	キ	650		

□問3　文章中の下線部5について、農業以外の仕事をして生活をしている農家のことを特に何といいますか。

問4　次のグラフ3を参考にして、(1)・(2)の問いに答えましょう。

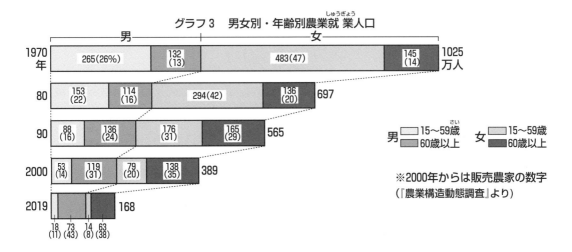

グラフ3　男女別・年齢別農業就業人口

□(1)　グラフ3を参考にして、文章中の（　6　）・（　7　）にあてはまることばを下から選び、それぞれ記号で答えましょう。
　　ア　未成年　　　　イ　中年　　　　　ウ　お年より
　　エ　男性　　　　オ　女性

□(2)　グラフ3からわかることとして正しいものを下から2つ選び、記号で答えましょう。
　　ア　1970年から2019年にかけて、農業の仕事をする人が850万人以上へってしまった。
　　イ　農家の収入にしめる農業以外の仕事からの収入はへり続ける一方である。
　　ウ　働きざかりの世代の人たちがへり続ける一方である。
　　エ　農家一戸あたりの耕地面積は、せまくなり続ける一方である。
　　オ　農家一戸あたりの収入は、へり続ける一方である。

第 9 回

日本の工業

要点ピックアップ

1 工業の種類

金属工業・機械工業・化学工業をまとめて重化学工業、それ以外の工業をまとめて軽工業という。

①**金属工業** 鉄やアルミニウムなどの金属をつくる工業。

②**機械工業** 自動車や電気機器などをつくる工業。日本でもっとも生産額が多い。

③**化学工業** 石油を原料としてさまざまな製品をつくる石油化学工業が中心。

④**せんい工業** 糸や織物をつくる工業。

⑤**食料品工業** 農産物や水産物を加工して食料品をつくる工業。

⑥**よう業** ねん土・石・砂などを窯で焼いて、陶磁器やガラスをつくる工業。

2 大工場と中小工場

働く人の数が300人以上の工場を大工場、30〜299人の工場を中工場、1〜29人の工場を小工場という。

①**関連工場** 大工場(親工場)の注文を受けて部品をつくっている工場。

②**中小工場の問題点** 大工場とくらべて賃金が安く、労働時間が長い場合が多い。不景気になると注文をへらされ、倒産することも多い。

3 工業地帯・工業地域

①**太平洋ベルト** 関東地方から九州地方まで、太平洋ぞいにつらなった帯状の工業地帯・地域のこと。日本の工業生産額の約3分の2が集中している。

②**中京工業地帯** 名古屋を中心として、伊勢湾から濃尾平野に広がる工業地帯で、日本の工業地帯・地域の中でもっとも生産額が多い。

③**京浜工業地帯** 東京・川崎・横浜など、東京湾の西側に広がる工業地帯。

④**阪神工業地帯** 大阪・神戸など、大阪湾ぞいに広がる工業地帯。

⑤**北九州工業地帯** 福岡県にある工業地帯で、他の工業地帯・地域とくらべて生産額ののびが小さくなっている。

⑥**関東内陸工業地域** 埼玉県・栃木県・群馬県にまたがる工業地域。

⑦**瀬戸内工業地域** 瀬戸内海に面した地域に広がる工業地域。

⑧**東海工業地域** 静岡県の駿河湾ぞいに広がる工業地域。

⑨**京葉工業地域** 東京湾の東側に広がる工業地域。

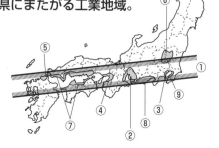

レベル **A** 問題演習　　日能研 正答率 100% ～ 80%

◆　工業は次のように、いくつかの種類に分けることができます。これらの工業の種類について、あとの各問いに答えましょう。　　　　　　　　　→ 解答は103ページ

●化学工業……物質の化学反応を利用して、原料とはまったくちがった性質のものをつくる工業

●金属工業……さまざまな鉱石を精錬・加工して、機械や器具の材料をつくる工業

●機械工業……さまざまな部品を使って、工業製品を組み立てる工業

●食料品工業……農産物や畜産物、水産物などを加工して、製品をつくる工業

●よう業……ねん土や砂などの原料を窯で焼いて製品をつくる工業

●せんい工業……植物のせんいや動物の毛などから、糸や織物をつくる工業

問1　上の6つの工業について、(1)・(2)の問いに答えましょう。

□(1)　化学工業・金属工業・機械工業をまとめて何工業といいますか。

□(2)　食料品工業・よう業・せんい工業などをまとめて何工業といいますか。

問2　化学工業でもっともさかんな石油化学工業について、(1)～(3)の問いに答えましょう。

□(1)　次の図は、石油化学工業の生産のしくみをあらわしたものです。原油を専門に運ぶ図中のAの船の名をカタカナで答えましょう。また、図中のBにあてはまる原料をあとのア～エから選び、記号で答えましょう。

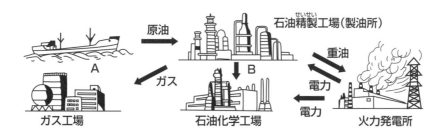

ア　軽油　　イ　灯油　　ウ　ガソリン　　エ　ナフサ

□(2)　図中の石油化学工場で生産されている工業製品としてふさわしくないものを下から選び、記号で答えましょう。

ア　塗料　　イ　薬品　　ウ　アルミニウム　　エ　合成ゴム

□(3)　石油精製工場を中心にして、関連する工場が1か所に集まって生産するしくみを何といいますか。カタカナで答えましょう。また、この生産のしくみのよい点としてふさわしいものを下から選び、記号で答えましょう。

ア　各工場に中間原料を運ぶ手間がはぶける。

イ　工場から出るけむりを少なくすることができる。

ウ　火災事故が発生したときの被害を小さくできる。

レベル **A** 問題演習

問3 金属工業でもっともさかんな鉄鋼業(てっこう)について、(1)・(2)の問いに答えましょう。

□(1) 次の図は、鉄鋼業の生産のしくみをあらわしたものです。鉄鋼の生産に必要な図中のA・Bにあてはまるものをそれぞれ答えましょう。

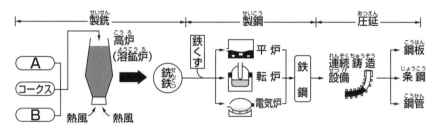

□(2) 次のア～ウの文は、鉄鋼ができるまでの作業について書かれたものです。図を参考にして、ア～ウを作業のおこなわれる順にならべかえて記号で答えましょう。

ア 鋼(はがね)のかたまりをのばして板や棒(ぼう)、パイプをつくる。

イ 銑鉄に酸素(さんそ)をふきつけ、ねばりのある鋼をつくる。

ウ 鉄鉱石をとかして銑鉄をつくる。

問4 機械工業について、(1)・(2)の問いに答えましょう。

□(1) 機械工業でもっともさかんな工業は自動車工業です。下のグラフは、おもな国の自動車の生産台数の移(うつ)り変(か)わりをあらわしたものです。日本をしめしているものをグラフ中のア～ウから選び、記号で答えましょう。

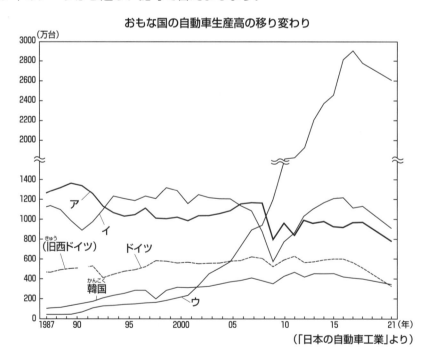

おもな国の自動車生産高の移り変わり

(「日本の自動車工業」より)

□(2) 機械工業で1980〜2000年ごろにかけて急速にのびたのは、電子工業とよばれる工業です。この工業でつくられる製品のうち、特にＩＣはコンピュータや家庭電気製品(せいひん)など、多くの工業製品にとってなくてはならないものとなりました。そのため、鉄にかわって、産業の[　　　　]とよばれました。

[　　　　]にあてはまることばを答えましょう。

□**問5** 食料品工業のうち、発酵(はっこう)作用を利用して製品をつくる工業を醸造業(じょうぞう)といいます。醸造業でつくられるものとしてふさわしくないものを下から選び、記号で答えましょう。

ア みそ　　　**イ** しょうゆ　　　**ウ** 塩　　　**エ** 酒

□**問6** よう業でつくられる製品としてふさわしくないものを下から選び、記号で答えましょう。

ア 陶磁器(とうじき)　　　**イ** セメント　　　**ウ** プラスチック　　　**エ** ガラス

問7 せんい工業について、(1)・(2)の問いに答えましょう。

□(1) せんい製品の説明として正しくないものを下から選び、記号で答えましょう。

ア 毛織物は、羊毛などを原料とした糸でつくられている。

イ 絹織物(きぬ)は、化学せんいの糸でつくられている。

ウ 綿織物(めん)は、綿花を原料とした糸でつくられている。

□(2) 最近の日本には、中国製(ちゅうごく)などのせんい製品が安いねだんで出回っています。ねだんが安い理由をア〜ウから選び、記号で答えましょう。

ア 工場で働く人の賃金(ちんぎん)が安いから。

イ 大型機械で大量生産しているから。

ウ 古くて質(しつ)の低い原料でつくっているから。

□**問8** 次のグラフは、各工業の生産額割合(がくわりあい)の移り変わりをあらわしたものです。グラフ中のア〜カから、機械工業とせんい工業にあたるものを選び、それぞれ記号で答えましょう。

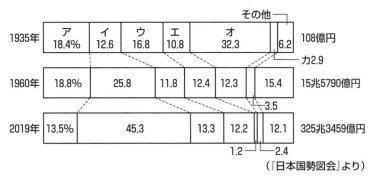

（『日本国勢図会』より）

レベル B 問題演習

◆ 日本の工業のようすについてのべた次の文章を読んで、あとの各問いに答えましょう。

→ 解答は103・104ページ

　日本は世界でも有数の工業国ですが、工場のようすについてはさまざまな意味でかたよりがあります。工業の種類ごとに１工場あたりの生産額（がく）を見てみると、（　１　）工業が60億円以上ともっとも大きく、もっとも小さい（　２　）工業は約１億4000万円と、たいへん大きな差があります。

　また、工場を大工場と中小工場に分けて見てみると、工場の数では（　３　）割（わり）以上をしめる中小工場は、働く人の数でも（　４　）割近くをしめていますが、生産額ではおよそ（　５　）割をしめるにすぎません。このような工場の多くは、親工場から注文を受けて部品をつくっている（　６　）工場です。そのため、（　　　７　　　）などのきびしい条件（じょうけん）のもとにあります。

　一方、工場のある場所を見てみると、ＩＣを生産する工場は（　８　）地方などの大消費地から遠いところや内陸部にも多く立地しているのに対し、₉製鉄所（せいてつ）や石油化学工場などは海岸部に立地しています。

□**問1**　文章中の（　１　）・（　２　）について、次のグラフは工業の種類ごとに、工場数・働く人の数・生産額をくらべたものです。これを参考にして、（　１　）・（　２　）にあてはまる工業の種類をグラフ中から選び、それぞれ答えましょう。

おもな工業の工場数、働く人の数、生産額の比較（ひかく）

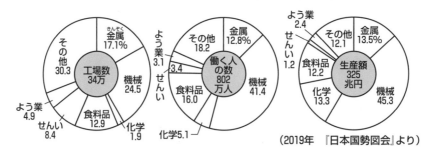

(2019年　『日本国勢図会』より)

問2　文章中の（　３　）～（　　　７　　　）について、(1)～(3)の問いに答えましょう。
□(1)　次のグラフは、大工場と中小工場を工場数・働く人の数・生産額でそれぞれくらべたものです。これを参考にして、（　３　）～（　５　）にあてはまるもっともふさわしい数字をそれぞれ整数で答えましょう。

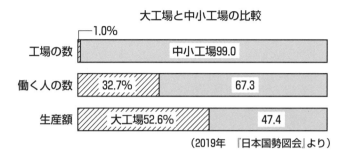

大工場と中小工場の比較

工場の数		中小工場99.0
働く人の数	32.7%	67.3
生産額	大工場52.6%	47.4

└─1.0%

(2019年 『日本国勢図会』より)

□(2) （　6　）にあてはまることばを答えましょう。

□(3) （　　7　　）にあてはまらない文を下から選び、記号で答えましょう。

ア　親工場から加工賃を低くおさえられる

イ　景気が悪くなると親工場から注文をへらされる

ウ　親工場の計画に合わせて生産しなければならない

エ　親工場をやめさせられた人をやとわなければならない

□**問3**　次の地図を参考にして、文章中の（　8　）にあてはまる地方をあとのア～オから2つ選び、記号で答えましょう。

全国の主な半導体工場の分布（2021年）

沖縄県

（『日本国勢図会』より）

ア　東北　　　イ　東海　　　ウ　四国　　　エ　北海道　　　オ　九州

□**問4**　文章中の下線部9について、この理由を「原料」・「外国」という2つのことばを使って説明しましょう。

第10回 九州地方のようす

要点ピックアップ

1 九州地方の農水産業

九州地方の自然

筑紫平野 / 筑紫山地 / 筑後川 / 大村湾 / 有明海 / 熊本平野 / 阿蘇山 / 雲仙岳 / 九州山地 / 宮崎平野 / 球磨川 / シラス台地 / 大淀川 / 桜島 / 薩摩半島 / 大隅半島

①**筑紫平野** 江戸時代から有明海を干拓して耕地を広げた。九州一の米どころである。

②**宮崎平野** 冬でもあたたかい気候を利用して、ピーマンなどの夏にできる野菜を冬につくる促成栽培がさかんである。

③**シラス台地** 鹿児島県を中心に九州南部に広がる。火山灰地なので稲作に向かず、畑作や畜産業がさかんである。さつまいも・茶・たばこなどの栽培がさかんで、ぶた・肉牛・にわとりの飼育頭羽数が多い。

④**沖縄県** 亜熱帯の気候を生かし、さとうきび・パイナップルの栽培がさかんである。

⑤**熊本県・長崎県・佐賀県**ではみかんの栽培がさかんである。

⑥**水産業** 大陸だなの発達した東シナ海での漁業がさかんである。
有明海ではのり、大村湾では真珠の養殖がさかんである。

2 九州地方の工業

北九州工業地帯は、明治時代に政府が八幡製鉄所を建てたことから発展した。ここに製鉄所が建てられたのは、近くに石炭の産地(筑豊炭田)があり、当時の鉄鉱石の輸入先である中国に近かったからである。

工業のさかんな都市 長崎県の長崎・佐世保(造船)、佐賀県の有田・伊万里・唐津(陶磁器)、熊本県の水俣(化学肥料)、福岡県の久留米(ゴム)、大分県の大分(製鉄・石油化学)など。

○**シリコンアイランド** ＩＣなどの半導体をつくる工場が多いので、九州はシリコンアイランドとよばれる。

レベル **A** 問題演習

日能研
正答率 100% ～ 80%

九州地方の自然・気候・農業について、次の地図を参考にして、あとの各問いに答えましょう。

→ 解答は104ページ

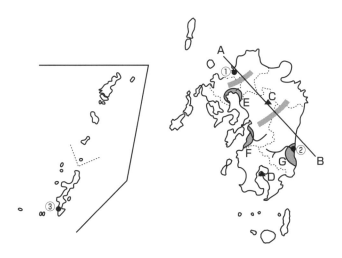

□**問1**　九州地方を、地図中のA－Bの線で切ったときの断面図として正しいものを次から選び、記号で答えましょう。

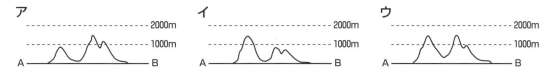

問2　九州地方は、特に火山の多い地方として知られています。上の地図中のCの火山は、世界最大級の（　あ　）をもつことで知られています。またDの火山の周囲は、（　い　）とよばれる火山灰におおわれた台地になっています。これについて、(1)・(2)の問いに答えましょう。

□(1)　C・Dの火山の名をそれぞれ答えましょう。

□(2)　（　あ　）・（　い　）にあてはまることばを、それぞれカタカナで答えましょう。

□**問3**　次のア～ウは、上の地図中のE～Gのいずれかの平野について説明したものです。これらの平野の説明としてふさわしいものを選び、それぞれ記号で答えましょう。

ア　この平野は、日本三急流の一つである球磨川の河口付近にあり、二毛作がさかんにおこなわれている。

イ　この平野は、九州地方最大の米どころとなっている。またこの平野を流れる筑後川は、この地方最大の河川として知られ、筑紫次郎という別名がある。

レベル A 問題演習

ウ　この平野は、ビニールハウスを利用した野菜づくりがさかんで、ここでつくられた野菜は、この平野を流れる大淀川の河口にある港からフェリーを使って、大阪などの大消費地へ出荷されている。

問4　九州地方では、各地の地形や気候の特色を生かして、さまざまな農業や畜産業がおこなわれています。次のグラフは、九州地方で生産がさかんな農作物の都道府県別の生産量の割合をしめしたものです。このグラフについて、(1)・(2)の問いに答えましょう。

I | 茨城23% | 宮崎 19 | 高知 9 | その他49 | (2020年)

II | 鹿児島28% | 茨城 28 | 千葉 13 | 宮崎11 | その他 20 | (2021年)

III | 沖縄61% | 鹿児島39 | (2020年)

（『日本国勢図会』ほか）

(1)　I〜IIIのグラフがあらわしている農作物の名を次から選び、それぞれ記号で答えましょう。

　　ア　米　　　イ　さとうきび　　　ウ　さつまいも
　　エ　りんご　　オ　ピーマン

(2)　次のあ〜うの文は、I〜IIIのグラフで下線が引かれている県の農業について説明したものです。それぞれの説明にあてはまる県の名を答えましょう。

　あ　この県では、冬でも平均気温が17度もある亜熱帯性の気候を利用して、他の地域では栽培しにくい工芸作物やくだものの栽培をおこなっている。

　い　この県の平野部では、冬でも日照時間が長くあたたかいことを利用して、野菜の出荷時期を早める「早づくり」という栽培方法がとられている。

　う　この県のやせて水もちの悪い台地が広がっているところは、米づくりには向いていないため、畑作や家畜の飼育がさかんにおこなわれている。

問5　次のア〜ウのグラフは、前の地図中の①〜③のいずれかの都市の雨温図です。地図中の①・②の都市の気候をあらわしたものを選び、それぞれ記号で答えましょう。

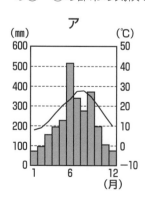
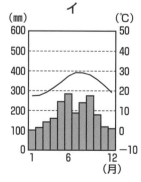
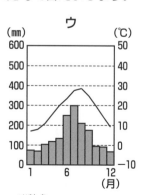

（1991〜2020年の平均値、『理科年表』による）

レベル **B** 問題演習

◆　九州地方の工業について、次の文を読み、あとの各問いに答えましょう。

→ 解答は104ページ

　明治時代、九州に官営の（　Ａ　）製鉄所が建設されました。 ₁戦前は、この製鉄所を中心に九州北部の工業が発達してきましたが、₂戦後になるとさまざまな理由からしだいに（　Ａ　）製鉄所周辺の工業地帯は活気を失っていきました。しかし、₃1970年代から、九州地方にはコンピュータの重要な部品をつくる新しい工場が進出しています。こうした近代工業が発達している半面、₄九州地方には世界的に有名な伝統工業の産地もあります。

□ **問1**　文中の（　Ａ　）にあてはまる製鉄所の名を答えましょう。また、その位置を右の地図中の１～５から選び、番号で答えましょう。

問2　文中の下線部１について、戦前、（　Ａ　）製鉄所で生産された鉄鋼は、右の地図中の□□□□や佐世保に運ばれて利用されることがありました。この２つの都市について、(1)・(2)の問いに答えましょう。

□(1)　地図中の□□□□は、県庁所在都市でもあります。□□□□の都市の名を答えましょう。

□(2)　(1)で答えた都市と佐世保で鉄鋼が利用された理由を下から選び、記号で答えましょう。

　　ア　戦前、２つの都市は日本の自動車工業の中心地であったから。

　　イ　戦前から海軍の施設が多かった２つの都市では、造船業がさかんだったから。

　　ウ　戦前から２つの都市には大きな漁港があり、水産物を利用したかんづめの生産がさかんだったから。

問3　（　Ａ　）製鉄所が建設された都市は、1963年に他の４つの都市と合併し、現在は政令指定都市となっています。このことについて、(1)・(2)の問いに答えましょう。

□(1)　（　Ａ　）製鉄所が建設された都市は、他の４つの都市と合併し、現在は何という都市になっていますか。

□(2)　九州には、（　Ａ　）製鉄所が位置する都市の他にも、人口が150万人以上で、政令指定都市となっている都市があります。その都市の名を答えましょう。

レベル **B** 問題演習

問4 前の文中の下線部2について、(1)・(2)の問いに答えましょう。

□(1) (A)製鉄所付近の工業地帯が活気を失っていった背景(はいけい)の1つには、日本の鉄鉱石(てっこうせき)の輸入(ゆにゅう)相手国が変化したために、原料の輸入先が近いという利点が失われたことがあります。九州地方に近く、戦前の日本の鉄鉱石のおもな輸入先であった国の名を答えましょう。

□(2) 燃料(ねんりょう)の中心が、それまで地図中の☓でしめされた場所で大量に採掘(さいくつ)されていた資源(しげん)から石油へと変化したことも、(A)製鉄所付近の工業地帯が活気を失っていった理由の1つです。

① 地図中の☓でしめされた場所で大量に採掘されていた資源を答えましょう。

② ①で答えた資源は固体でしたが、石油は液体(えきたい)です。このように燃料の中心が固体から液体に変化した時期を下から選び、記号で答えましょう。

ア 1930年代 **イ** 1960年代 **ウ** 1990年代

問5 前の文中の下線部3について、(1)・(2)の問いに答えましょう。

□(1) 九州地方は、コンピュータの中心となる部品の材料の名にちなんで( )アイランドとよばれます。

( )にあてはまることばをカタカナ4字で答えましょう。

□(2) (1)で答えた材料を用いたコンピュータの部品を何といいますか。アルファベット2字で答えましょう。

□**問6** これまで、製鉄業とコンピュータの部品をつくる工業を中心に見てきましたが、九州地方には化学肥料(ひりょう)工場から流された廃水(はいすい)が原因(げんいん)でおこった公害で全国に知られるようになった都市もあります。その化学工業がさかんな都市の名を答えましょう。また、その都市の位置を前の地図中の1〜5から選び、番号で答えましょう。

□**問7** 前の文中の下線部4について、九州地方で生産がさかんな伝統工業について説明した次の文中の(1)〜(3)にあてはまる地名をそれぞれ答えましょう。

●今から約400年前、日本は九州の対岸に位置する(1)半島に攻(せ)め入った時に、多くの陶工(とうこう)を連れ帰ってきました。日本に連れてこられた陶工が多く住みつき、陶磁器(とうじき)の生産を始めたのが、良質(りょうしつ)な陶土が産出される(2)県です。(2)県の唐津(からつ)や(3)で生産された陶磁器は、同じく陶磁器の産地であり、港のあった伊万里(いまり)から海外へと輸出され、海外の陶磁器愛好家に喜ばれました。

第11回 中国・四国地方のようす

要点ピックアップ

1 中国・四国地方の農水産業

① **讃岐平野**　降水量が少ないので、昔からため池をつくったり、吉野川から香川用水を引いたりした。

② **高知平野**　昔は米の二期作をしていた。今は野菜の促成栽培がさかんである。

③ **愛媛県**　みかんの栽培がさかんである。

④ **鳥取県**　日本なしの栽培がさかんである。

⑤ **水産業**　瀬戸内海では、はまちなどの養殖がさかんであるが、赤潮による被害を受けてきた。広島湾では、かきの養殖がさかんである。

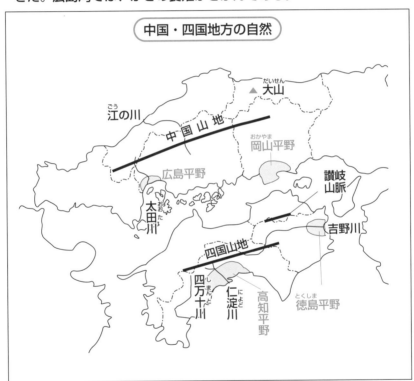

中国・四国地方の自然

2 中国・四国地方の工業

　瀬戸内工業地域は、岡山県・広島県・山口県・香川県・愛媛県の5県にまたがる。戦後、軍用地や塩田の跡地を埋め立てて発展した。

工業のさかんな都市　岡山県の倉敷(製鉄・石油化学)、山口県の周南・岩国(石油化学)、広島県の福山(製鉄)、呉(製鉄・造船)、岡山県の玉野・香川県の坂出(造船)、広島県の広島(自動車)、山口県の宇部(セメント)など。

レベル **A** 問題演習

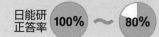 日能研正答率 100% ～ 80%

中国・四国地方の地形と気候について、次の地図を参考にして、あとの各問いに答えましょう。

→ 解答は105ページ

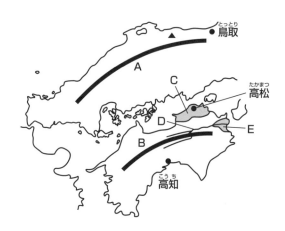

問1 中国・四国地方は地図中のA・Bの山地によってさらに細かく分けられることがあります。このことについて、(1)・(2)の問いに答えましょう。

□(1) 地図中のA・Bの山地の名をそれぞれ答えましょう。また、地図中の▲は、伯耆富士ともよばれる火山をしめしています。この火山の名を答えましょう。

□(2) 中国地方は、地図中のAの山地の北側と南側の2つに分けられます。このうち、四国地方の北部とあわせて「瀬戸内地方」とよばれる、中国地方の南側の地域を何とよびますか。

問2 中国・四国地方の地図中のA・Bの山地によって3つに分けられた各地域では、それぞれ異なった気候の特色が見られます。このことについて説明した次の文を読み、(1)・(2)の問いに答えましょう。

●地図中のAの山地は冬の季節風を、Bの山地は夏の季節風をさえぎります。そのため、中国地方の北部では（　1　）の降水量が多くなり、四国地方の南部では（　2　）の降水量が多くなります。Aの山地とBの山地の間に位置する瀬戸内地方では、年間を通して降水量が少なく、（　3　）気候となっています。

□(1) 文中の（　1　）・（　2　）にあてはまる季節をそれぞれ漢字1字で答えましょう。

□(2) 文中の（　3　）にあてはまることばを下から選び、記号で答えましょう。

ア　すずしい　　　イ　気温の変化が激しい　　　ウ　温暖な

60

問3　気候の特色が異なる地域では、それぞれの気候に合った農業がおこなわれています。このことについて、⑴・⑵の問いに答えましょう。

□⑴　次の①・②の地域に見られる農業の説明をあとから選び、それぞれ記号で答えましょう。

① 前の地図中のAとBの山地の間に位置する地域

② 前の地図中のBの山地の南側の地域

ア　砂丘（さきゅう）をスプリンクラーでかんがいし、ぶどうやメロン、らっきょうなどの栽培（さいばい）がさかんです。

イ　海に面した山の斜面（しゃめん）に段々畑（だんだん）を開き、モノレールなどを利用したみかんの栽培がさかんです。

ウ　夏の野菜を時期をずらして栽培し出荷する、早づくりがさかんです。

エ　火山灰（かざんばい）でおおわれた台地で、乾燥（かんそう）に強いさつまいもなどの栽培がさかんです。

□⑵　四国地方の北部では、年間を通して降水量が少ないため水不足になりやすく、地図中のCの平野にはDの川から用水路が引かれています。

① Cの平野の名とCの平野をうるおす用水路の名をそれぞれ答えましょう。

② Cの平野をうるおす用水路の水が引かれている地図中のDの川の名を答えましょう。また、Dの川の下流に広がる地図中のEの平野の名を答えましょう。

□問4　次の雨温図は、前の地図中の鳥取、高松、高知のいずれかのものです。このうち、鳥取と高松の雨温図を選び、それぞれ記号で答えましょう。

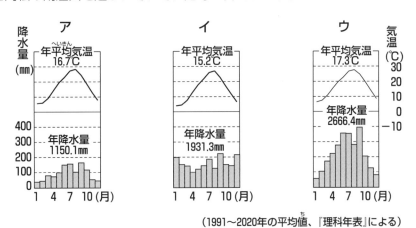

（1991〜2020年の平均値、『理科年表（ち）』による）

 レベルB 問題演習

◆ 中国・四国地方の工業について次の文章を読み、地図を見て、あとの各問いに答えましょう。

→ 解答は105ページ

中国・四国地方の工業は、おもに ₁瀬戸内海に面した5県を中心に発達しています。瀬戸内海は交通の便がよく、古くから海上交通の要所として利用されてきたこと、₂東西にある工業地帯に近いことなどから、戦前から、せんい工業・₃よう業・機械工業などが発達していました。戦後、日本の産業規模が拡大しそれまでの工業地帯では不足するようになると、この地域へも ₄大規模な工場が相次いで進出してきました。こうして、戦前からの工業に加え、₅各地でさまざまな工業が発達してきました。そして、現在では ₆瀬戸内工業地域として日本有数の規模をほこる工業地域となっています。

□**問1** 下線部1について、この5県としてまちがっているものを下から2つ選び、記号で答えましょう。
ア 島根県　　イ 広島県　　ウ 高知県　　エ 愛媛県　　オ 香川県

□**問2** 下線部2について、東には大阪湾を中心とした阪神工業地帯がありますが、西にある工業地帯の名を答えましょう。

問3 下線部3について、地図中の宇部では、古くから近くの、地図中の ⬭ でしめした地域でとれる原料をもとにしたよう業がさかんでした。これについて、(1)・(2)の問いに答えましょう。
　□(1) 宇部でさかんにつくられている製品を下から選び、記号で答えましょう。
　　ア ガラス　　イ 陶磁器　　ウ かわら　　エ セメント

□(2)　地図中の⬛の地域でとれる原料の名を答えましょう。

□**問4**　下線部4について、大規模な工場の進出には、広い工業用地が必要となります。この地域では、おもにどのような土地が工業用地として用いられるようになりましたか。下から2つ選び、記号で答えましょう。

ア　古くから瀬戸内海に散らばる数多くの島々を利用した。

イ　工場建築用の木材と工場用地の確保を兼ねて、周辺の山々を切り開いた。

ウ　古くからこのあたりでおこなわれていた製塩用の塩田の跡地を利用した。

エ　戦後、平和国家となったため、不要となった軍用地の跡地を利用した。

オ　このあたりは広大な平野が多く、まだ開発されていない郊外の土地を利用した。

問5　下線部5について、(1)・(2)の問いに答えましょう。

□(1)　前の地図中の広島と今治でさかんな工業を下から選び、それぞれ記号で答えましょう。

ア　造船業

イ　製鉄業

ウ　せんい工業

エ　石油化学工業

オ　自動車工業

□(2)　(1)でふれた以外のおもな工業都市のうち、次の1〜3でしめした都市で共通して発達している工業の種類を(1)のア〜オから選び、それぞれ記号で答えましょう。

| 1　倉敷・岩国・周南・新居浜 | 2　倉敷・福山・呉 | 3　呉・坂出 |

□**問6**　工業の発達は、一方で深刻な状況をもたらします。瀬戸内海は外海に面しておらず海水が入れかわりにくいため、各地で工業がさかんになるにつれて、工場から出る廃水などが養殖業にも影響をおよぼすようになりました。特に、そうした工場の廃水などが原因で海中のプランクトンが魚介類に悪影響をおよぼすまでに異常発生する現象を何といいますか。

レベル B 問題演習

問7　前の文中の下線部6について、次の表は、瀬戸内工業地域の生産額のうちわけをしめしたものです。この表を見て、(1)・(2)の問いに答えましょう。

	生産額	金属工業	機械工業	化学工業	食料品工業	せんい工業	その他
瀬戸内工業地域	311899	56454	109477	69553	24328	6550	45537

（単位：億円　2019年　『日本国勢図会』より）

□(1)　瀬戸内工業地域の生産額は日本の工業生産額全体の中でどのくらいの割合をしめていますか。次のグラフ中のア～ウから選び、記号で答えましょう。

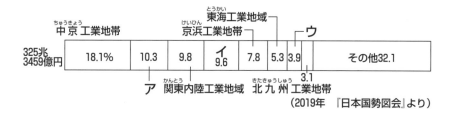

（2019年　『日本国勢図会』より）

□(2)　次のグラフは瀬戸内工業地域、京葉工業地域、中京工業地帯、北九州工業地帯の生産額割合をしめしたものです。瀬戸内工業地域の生産額の割合をしめしたグラフを下から選び、記号で答えましょう。

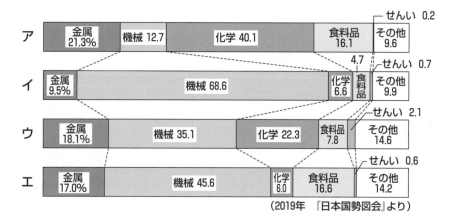

（2019年　『日本国勢図会』より）

第12回 近畿地方のようす

要点ピックアップ

1 近畿地方の農林水産業

①**大阪平野** 近郊農業がさかんである。

②**おもな農産物** 和歌山県のみかん、淡路島のたまねぎ、宇治の茶など。

③**林業** 紀伊山地は木材の産地で、尾鷲のひのきや吉野のすぎは人工の三大美林として知られる。→あと1つは、中部地方の天竜のすぎ

④**水産業** 志摩半島では真珠の養殖がさかんである。

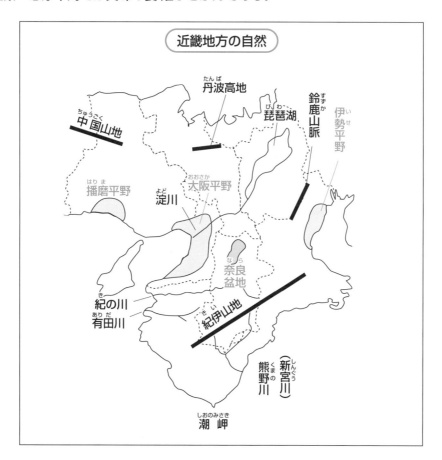

近畿地方の自然

丹波高地
鈴鹿山脈
琵琶湖
伊勢平野
中国山地
播磨平野
太阪平野
淀川
奈良盆地
紀の川
有田川
紀伊山地
(新宮川)
熊野川
潮岬

2 近畿地方の工業

阪神工業地帯は大阪湾沿岸に広がる。日本で最初に発達した工業地帯である。

工業のさかんな都市 三重県の四日市・大阪府の高石(石油化学)、門真(電気機器)、泉佐野(せんい)、和歌山県の和歌山・兵庫県の加古川・姫路・尼崎(製鉄)など。

○**伝統的工芸品** 京都の西陣織や清水焼、大阪府の堺の刃物など。

レベル A 問題演習

◆ 近畿地方の気候、地形や産業について、右の
地図を参考にして、あとの各問いに答えまし
ょう。
→ 解答は105ページ

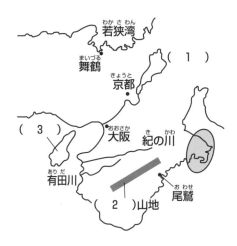

□**問1** 近畿地方の気候は、太平洋につき出した半島
の南部、瀬戸内海に面した大阪湾周辺、周りを
山にかこまれた京都盆地や奈良盆地、そして日
本海に面した若狭湾周辺で大変ちがっていま
す。次の4つの雨温図は、こうした気候のちが
いが見られる地図中の尾鷲、大阪、京都、舞鶴
の雨温図です。このうち、地図中の尾鷲と舞鶴
の雨温図を選び、それぞれ記号で答えましょう。

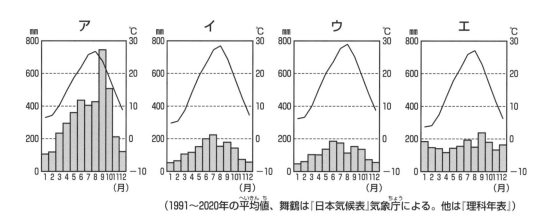

(1991～2020年の平均値、舞鶴は『日本気候表』気象庁による。他は『理科年表』)

□**問2** 地図中の（ 1 ）～（ 3 ）にあてはまる湖、山地、島の名をそれぞれ答えましょう。

問3 地図中の（ 1 ）の湖から流れ出す川について、(1)・(2)の問いに答えましょう。
　□(1)　（ 1 ）の湖から流れ出し、大阪湾に注ぐ川の名を答えましょう。
　□(2)　(1)で答えた川が通る3つの府県の名を答えましょう。

問4 太平洋に大きくつき出した半島の周辺でさかんな産業について、(1)～(3)の問いに答え
ましょう。
　□(1)　地図中の（ 2 ）山地は、古くから林業がさかんな地域として知られています。
　　①　この山地で林業がさかんな理由の1つとして、この地域の降水量が多く、温暖な
気候が樹木の生育に適していることがあげられます。この地域の気候が温暖な理由

としてふさわしいものを下から選び、記号で答えましょう。

ア　日本の他の地域にくらべて、緯度が高いから。

イ　沖合を暖流の日本海流が流れているから。

ウ　快晴の日が多く、日照時間が長いから。

② この山地の尾鷲と吉野には、人工の三大美林のうち2つの美林があります。尾鷲と吉野にある美林の種類を下から選び、それぞれ記号で答えましょう。

ア　まつ　　　　イ　ひのき　　　　ウ　ぶな

エ　すぎ　　　　オ　ひば

□(2)　地図中の紀の川、有田川周辺ではみかんの栽培がさかんです。右のグラフは、みかんの都道府県別の生産高の割合をしめしています。地図中の紀の川、有田川が流れる、グラフ中の □ にあてはまる近畿地方の県の名を答えましょう。

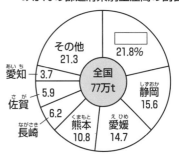

みかんの都道府県別生産高の割合

(2020年　『日本国勢図会』より)

□(3)　地図中の ⬭ でかこんだ地域では、入り組みの複雑な海岸が発達し、ここの英虞湾や五ヶ所湾ではあるものの養殖がさかんにおこなわれています。

① この地域や若狭湾に見られるような入り組みの複雑な海岸地形を何といいますか。

② 明治時代、御木本幸吉によって始められた、英虞湾や五ヶ所湾で養殖されているものの名を答えましょう。

問5　地図中の(3)の島での農業は野菜の栽培が中心です。このことについて、(1)・(2)の問いに答えましょう。

□(1)　この島で野菜の栽培が中心におこなわれているのは、神戸や大阪といった大都市に近いという立地を生かしているからです。このように、大都市の近くでおこなわれる野菜づくり中心の農業を特に何といいますか。

□(2)　この島と本州の間には1998年に橋が開通しました。その結果、橋の開通以前よりも短時間で新鮮な野菜を大消費地に送りとどけることが可能となっています。

本州と(3)の島とを結ぶ橋の名を下から選び、記号で答えましょう。

ア　明石海峡大橋

イ　瀬戸内しまなみ海道

ウ　大鳴門橋

エ　瀬戸大橋

レベル **B** 問題演習　　　日能研正答率 **80%** 〜 **50%**

◆　　近畿地方は日本でもっとも早く近代工業の発達した地域で、大阪湾沿岸を中心に四大工業地帯の１つである阪神工業地帯が形成されています。この阪神工業地帯とその周辺にあるおもな工業都市について説明した次のＡ〜Ｅの文を読み、あとの各問いに答えましょう。

→ 解答は105・106ページ

Ａ　この都市では愛媛県の今治と同じようにタオルの生産がさかんにおこなわれてきました。この都市周辺もせんい工業のさかんな地域になっています。

Ｂ　この都市は、かつては鉄砲の産地としてさかえ、その流れをくんで現在は刃物や明治時代に始まった自転車の生産がさかんです。また、臨海部の広大な埋め立て地にはコンビナートが見られます。

Ｃ　昭和時代のはじめごろ、小さな町工場にすぎなかった会社がこの都市に移転してきました。その後、その会社が世界に名を知られる電機メーカーに成長し、現在この都市周辺は、電気製品を生産する企業や工場が集中する地域となっています。

Ｄ　この都市は、明治時代になってから綿工業が発達し、「東洋のマンチェスター」ともよばれました。現在は近畿地方の情報・金融の中心地となっています。

Ｅ　この都市は、阪神工業地帯に隣接し、戦後、国が播磨工業整備特別地域に指定した地域にふくまれ、重化学工業がさかんな都市として知られています。

□問１　阪神工業地帯は２つの府県にまたがり、その延長としてＥの都市を中心とする播磨工業地域が発展してきました。Ａ〜ＤとＥの文が説明している都市がふくまれる府県をそれぞれ答えましょう。

□問２　右の地図の①〜③の地域は、Ａ〜Ｅの文が説明した都市のうち、３つと関係が深い地域をしめしています。地図中の①〜③の地域に位置する都市の説明をＡ〜Ｅから選び、それぞれ記号で答えましょう。

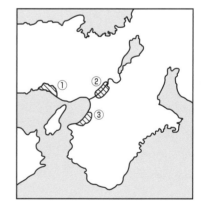

□問３　Ａ〜Ｅの文が説明している都市の名を下から選び、それぞれ記号で答えましょう。
ア　堺　　　　イ　姫路　　　ウ　門真
エ　泉佐野　　オ　大阪

□ **問4** 次のグラフは、阪神工業地帯、北九州工業地帯、瀬戸内工業地域の工業生産額の割合をあらわしています。このうち、阪神工業地帯のグラフを選び、記号で答えましょう。

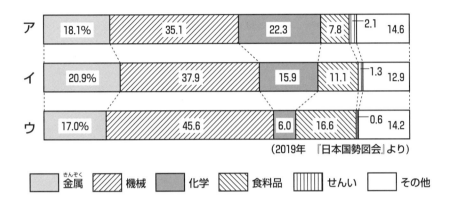

ア 金属 18.1% 機械 35.1 化学 22.3 食料品 7.8 せんい 2.1 その他 14.6

イ 金属 20.9% 機械 37.9 化学 15.9 食料品 11.1 せんい 1.3 その他 12.9

ウ 金属 17.0% 機械 45.6 化学 6.0 食料品 16.6 せんい 0.6 その他 14.2

(2019年 『日本国勢図会』より)

金属　機械　化学　食料品　せんい　その他

□ **問5** これまで、近畿地方の近代工業が発達してきた都市について見てきましたが、古くから都がおかれた近畿地方では伝統工業もさかんです。下の3つの製品は、特に1000年にわたって都がおかれた都市でつくられている代表的な伝統的工芸品です。3つの製品がつくられている都市の名を答えましょう。

・清水焼　　　・友禅染　　　・西陣織

69

第13回

中部地方のようす

 要点ピックアップ ●

1 中部地方の農水産業

①**おもな農産物** 越後平野の米、野辺山原の高原野菜、甲府盆地のぶどう・もも、長野盆地のりんご、牧ノ原の茶、渥美半島の電照菊など。

②**愛知県の用水路** 木曽川から愛知用水、矢作川から明治用水、豊川から豊川用水。

③**水産業** 静岡県の焼津港は日本有数の水あげ量をほこる漁港である。浜名湖ではうなぎの養殖がさかんである。

中部地方の自然

2 中部地方の工業

名古屋を中心とした中京工業地帯、静岡県の東海工業地域がある。

工業のさかんな都市 愛知県の豊田(自動車)、瀬戸・多治見(陶磁器)、東海(製鉄)、一宮(毛織物)、静岡県の浜松(楽器)、富士・富士宮(製紙・パルプ)、長野県の諏訪・岡谷(情報通信機械器具・精密機械)など。

レベル **A** 問題演習

日能研
正答率 100% 〜 80%

次のＡ～Ｃの文章は、中部地方の各地域でおこなわれている農業のようすをのべたものです。これらの文章を読んで、あとの各問いに答えましょう。

→ 解答は106ページ

Ａ　₁北陸地方は、裏作がほとんどできないため、耕地にしめる水田の割合が高くなっています。また、この地方の中で、（　２　）は、₃県内に日本有数の米の産地をかかえ、米の生産量では北海道と１・２位を競っています。一方、富山県西部の扇状地などでは、（　４　）の球根栽培がさかんで、海外にも輸出されています。

□**問1**　Ａの文章中の下線部１について、北陸地方のように、１年に１回、同じ種類の作物だけをつくる土地利用を何といいますか。

□**問2**　Ａの文章中の（　２　）にあてはまる県の名を下から選び、記号で答えましょう。
　　ア　新潟県　　　イ　長野県　　　ウ　山梨県　　　エ　静岡県

問3　Ａの文章中の下線部３について、右の地図１は、問２で答えた県にある日本有数の米の産地になっている平野をあらわしたものです。この地図を見て、⑴・⑵の問いに答えましょう。

地図1

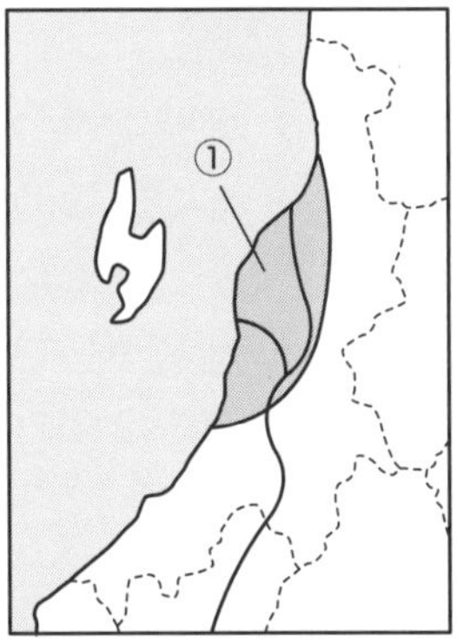

□⑴　地図１中の①の平野の名を答えましょう。
□⑵　⑴で答えたこの平野が日本有数の米の産地になったのは、この平野でどんな工事がおこなわれたからですか。ふさわしいものを下から選び、記号で答えましょう。
　　ア　栄養分にとぼしいこの平野の土を、ほかの土地から運びこんだ肥えた土と入れかえた。
　　イ　この平野に広がっていた湿田の中にパイプを埋め、余分な水を取り除いた。
　　ウ　この平野にふきつける季節風を防ぐために、耕地のまわりを防風林でかこんだ。

□**問4**　Ａの文章中の（　４　）にあてはまるものを下から選び、記号で答えましょう。
　　ア　バラ　　　イ　ラン　　　ウ　ハイビスカス　　　エ　チューリップ

レベル A 問題演習

B　中央高地の八ヶ岳(やつがたけ)のふもとの（　5　）や浅間山(あさまやま)近くの菅平(すがだいら)では、夏のすずしい気候を利用して₆野菜のおそづくりがさかんです。また、長野県や山梨県の盆地(ぼんち)は、かつて養蚕(ようさん)のための（　7　）が広がっていましたが、現在(げんざい)は₈くだもの畑が多く見られます。

☐問5　Bの文章中の（　5　）にあてはまる高原の名を下から選び、記号で答えましょう。
　　　ア　嬬恋村(つまごい)　　　イ　野辺山原(のべやまはら)　　　ウ　那須高原(なす)　　　エ　丹波高地(たんば)

☐問6　Bの文章中の下線部6について、おそづくりでつくられている野菜としてふさわしくないものを下から選び、記号で答えましょう。
　　　ア　きゅうり　　　イ　レタス　　　ウ　キャベツ　　　エ　はくさい

☐問7　Bの文章中の（　7　）にあてはまる農地を下から選び、記号で答えましょう。
　　　ア　水田　　　イ　野菜畑　　　ウ　花畑　　　エ　くわ畑

問8　Bの文章中の下線部8について、右の地図2は、長野県と山梨県のくだものの生産がさかんな盆地をあらわしたものです。この地図を見て、(1)～(3)の問いに答えましょう。
　☐(1)　地図2中の②・③の盆地の名をそれぞれ答えましょう。
　☐(2)　地図2中の②の盆地ではあるくだものの生産がさかんで、このくだものの長野県全体の生産量は青森県(あおもり)に次いで全国2位です。このくだものとは何ですか。
　☐(3)　地図2中の③の盆地では、盆地特有の気候を利用してももやぶどうの生産がさかんです。この盆地特有の気候の説明としてふさわしいものを下から選び、記号で答えましょう。
　　　ア　夏すずしく、1年を通して降水量(こうすい)が多い。
　　　イ　1年の気温の差が大きく、降水量が少ない。
　　　ウ　1年の気温の差が小さく、降水量が少ない。
　　　エ　冬の寒さが数か月続き、降水量が多い。

地図2

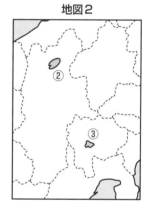

C 静岡県の沿岸部は、温暖な気候と水はけのよい台地を利用して、（ 9 ）とみかんの産地になっています。特に大井川の谷や大井川の西側の（ 10 ）は（ 9 ）の主要な産地として知られています。一方静岡県と県境を接する愛知県は、₁₁平野や2つの半島を通る用水があり、さまざまな農業がおこなわれています。

□問9 Cの文章中の（ 9 ）には静岡県が全国一の生産量をほこる農作物があてはまります。この農作物の名を答えましょう。

□問10 Cの文章中の（ 10 ）にあてはまる台地の名を下から選び、記号で答えましょう。
ア 根釧台地　　　イ シラス台地　　　ウ 牧ノ原　　　エ 三本木原

問11 Cの文章中の下線部11について、右の地図3は愛知県に整備された用水の位置をあらわしたものです。この地図を見て、⑴〜⑶の問いに答えましょう。

地図3

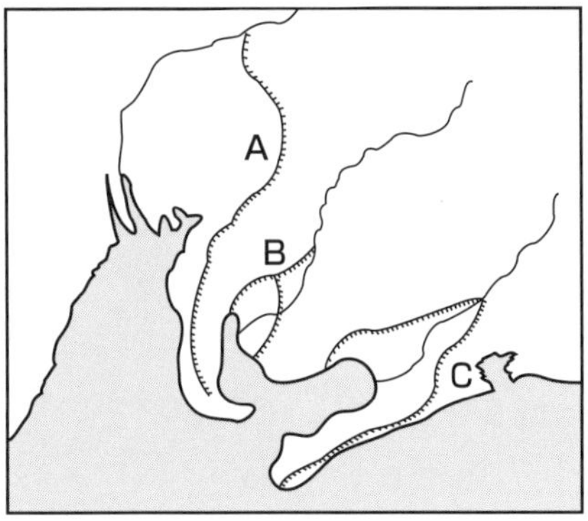

□⑴ 地図3中のAの用水の名を答えましょう。また、この用水が水を引き入れている川の名を答えましょう。

□⑵ 地図3中のB・Cの用水の名をそれぞれ答えましょう。

□⑶ 次の文は、地図3中のA〜Cの用水の通る地域を説明したものです。このうち、まちがっているものを選び、記号で答えましょう。
ア Aの用水が通る地域は、低地が広がり、米の二期作がおこなわれている。
イ Bの用水が通る地域は、畜産業がさかんで日本のデンマークとよばれている。
ウ Cの用水が通る地域は、開花時期をずらした電照菊の栽培がさかんである。

レベル **B**　問題演習

日能研
正答率 **80%** 〜 **50%**

中部地方の工業について、次の表は中部地方の県のうち、工業生産額が多い上位5つ
の県とおもな工業都市の説明をあらわしたものです。この表について、あとの各問い
に答えましょう。

→ 解答は106ページ

順位	県の名	おもな工業都市の説明
1	（　A　）	○東海（とうかい）は日本有数の生産量をほこる（　C　）業が発達している。 ○₁豊田（とよた）は、日本最大の輸送用機械の生産をほこっている。
2	静岡県（しずおかけん）	○浜松（はままつ）は、（　D　）の生産がさかんである。 ○₂富士（ふじ）は、豊（ゆた）かな森林資源（しげん）と湧（わ）き水（みず）を利用した製紙（せいし）・パルプ工業がさかんである。
3	長野県（ながのけん）	○諏訪湖（すわこ）周辺の諏訪（すわ）や₃岡谷（おかや）では、戦前は製糸業がさかんだったが、戦後は、製糸業にかわって時計やカメラなどをつくる（　E　）工業がさかんである。
4	岐阜県（ぎふけん）	○₄多治見（たじみ）はよう業がさかんで、なかでも（　A　）にある瀬戸（せと）とならんで（　F　）の生産がさかんである。
5	（　B　）	○燕（つばめ）では、古くからの金物づくりの技術（ぎじゅつ）を生かした洋食器の生産がさかんである。 ○小千谷（おぢや）では、ちぢみとよばれる麻織物（あさおりもの）がつくられている。

□**問1**　表中の（　A　）・（　B　）の県の名をそれぞれ答えましょう。

□**問2**　表中の（　C　）〜（　F　）にあてはまるものを下から選び、それぞれ記号で答えましょう。
　　　ア　鉄鋼（てっこう）　　　　イ　情報通信機械器具（じょうほう）（精密機械）（せいみつきかい）
　　　ウ　石油化学　　　エ　楽器　　　オ　セメント
　　　カ　陶磁器（とうじき）　　　キ　食料品

□**問3**　表中の下線部1〜4の都市の正しい位置を下の地図中から選び、それぞれ記号で答えましょう。

□ **問4** 表中の豊田や浜松で生産された主要な工業製品は、それぞれ県内の港から海外にも輸出されています。それぞれの港の名としてふさわしいものを下から選び、記号で答えましょう。

ア 清水港　　　イ 博多港　　　ウ 名古屋港

エ 神戸港　　　オ 堺港

□ **問5** 前の表中の富士でさかんな製紙・パルプ工業が原因となって引きおこされた公害の説明としてふさわしいものを下から選び、記号で答えましょう。

ア 工場の煙にふくまれていた灰が周囲の土地に積もり、土地が使えなくなった。

イ 工場で使った水が、地下水にまじり、地下水がよごれた。

ウ 工場から有毒なガスが排出されたことで、空気がよごれた。

エ 工場から流されたよごれた水が海に入り、海がよごれた。

□ **問6** 中部地方には、中京工業地帯と東海工業地域があります。次のア〜エのグラフは、瀬戸内工業地域・阪神工業地帯・中京工業地帯・東海工業地域のいずれかの工業生産額とその割合をあらわしたものです。このうち、中京工業地帯と東海工業地域にあたるものを選び、それぞれ記号で答えましょう。

ア

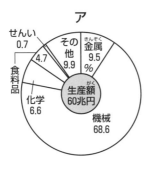

イ

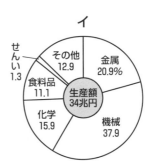

ウ

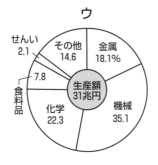

エ

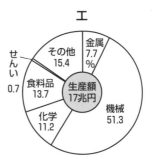

(2019年 『日本国勢図会』より)

第 14 回 関東地方のようす

要点ピックアップ

1 関東地方の農水産業

①**関東平野** 関東ローム層とよばれる火山灰土が広がっていて、畑作がさかんである。

②**利根川下流** 水郷地帯で、早場米の産地である。

③**千葉県・埼玉県・茨城県**で近郊農業。栃木県や群馬県は乳牛の飼育頭数が多い。

④**おもな農産物** 群馬県の嬬恋村でキャベツの抑制栽培がさかん。千葉県でらっかせい、群馬県でこんにゃくいも、栃木県でかんぴょうの生産量が多い。

⑤**水産業** 千葉県の銚子港は全国有数の水あげ量をほこる漁港である。神奈川県の三崎港はまぐろの水あげ量が多い。

関東地方の自然

越後山脈 / 阿武隈高地 / 霞ヶ浦 / 荒川 / 関東平野 / 利根川 / 関東山地 / 相模川 / 東京湾 / 房総半島 / 相模湾 / 三浦半島 / 大島

2 関東地方の工業

京浜工業地帯・関東内陸工業地域・京葉工業地域・鹿島臨海工業地域がある。

工業のさかんな都市 神奈川県の川崎・千葉県の千葉・君津・茨城県の鹿嶋(製鉄)、川崎・千葉県の市原・茨城県の神栖(石油化学)、神奈川県の横須賀・群馬県の太田(自動車)、東京(印刷)、埼玉県の秩父(セメント)、群馬県の桐生・栃木県の足利(絹織物)、茨城県の日立(電気機器)、千葉県の野田・銚子(しょうゆ)など。

76

レベル **A** 問題演習

◆ 　関東地方の自然と産業について、次の地図を見てあとの各問いに答えましょう。

→ 解答は107ページ

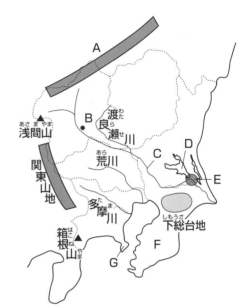

□**問1**　地図中のAの山脈の名を答えましょう。

問2　関東地方の気候について、(1)〜(3)の問い
に答えましょう。

□(1)　冬には、Aの山脈をこえて、かわいた
冷たい北西の風が関東平野にふきおろし
てきます。この風を何といいますか。

□(2)　関東地方の北西部では、(1)で答えた風
を防ぐために、家のまわりに防風林をつ
くっているところが見られます。この防
風林を何といいますか。

□(3)　地図中のBの都市の雨温図を下から選
び、記号で答えましょう。

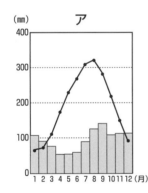
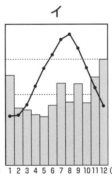
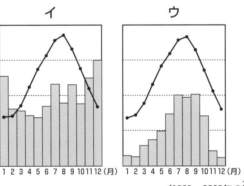
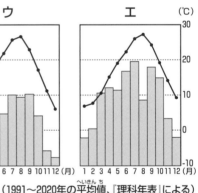

(1991〜2020年の平均値、『理科年表』による)

問3　地図中のCの川について、(1)〜(5)の問いに答えましょう。

□(1)　Cの川の名を答えましょう。

□(2)　Cの川は、長さでは日本で第 あ 位、流域面積では第 い 位です。
あ ・ い にあてはまる数字をそれぞれ答えましょう。

□(3)　Cの川の下流にある地図中のDは、日本で2番目に大きい湖です。この湖の名を答
えましょう。

□(4)　Cの川の下流にある地図中のEは、 　　　　　 とよばれる低湿地帯で、台風が来る前
に収穫をする早場米の産地として有名です。
　　　　　 にあてはまることばを答えましょう。

□(5)　Cの川の河口にある、全国有数の水あげ量をほこる漁港の名を答えましょう。

レベル **A** 問題演習

□**問4**　次の文は、前の地図中のＦ・Ｇの半島について説明したものです。文を参考にして、Ｆ・Ｇの半島の名をそれぞれ答えましょう。また、文中の（　あ　）・（　い　）にあてはまることばをそれぞれ答えましょう。

　Ｆ　千葉県の大部分をしめるこの半島では、乳牛の飼育頭数が多く、牛乳や乳製品を生産する（　あ　）がさかんです。

　Ｇ　この半島では野菜や草花の栽培がさかんで、南部にはまぐろの水あげで有名な（　い　）漁港があります。

問5　次の表は、関東地方の各都県ごとに、いくつかの農産物の生産量をまとめたものです。この表を見て、(1)～(4)の問いに答えましょう。

都県別の農産物のとれ高（トン）

	キャベツ	はくさい	さつまいも	ねぎ	ほうれんそう
群馬県	256500	30600	——	19600	22400
栃木県	——	20900	——	11500	5800
千葉県	119500	7510	90200	56900	19400
A	105800	243900	182000	49000	16500
B	18400	23400	——	50600	22700
C	6830	——	——	——	4110
D	66600	——	——	7890	8130

※——は生産がないこと、または不明であることをあらわす。統計は2020年。『日本国勢図会』および「作物統計調査」より

□(1)　表にあるように、関東地方ではさまざまな畑作物が栽培されています。それは、 ［　　　　　　　］層とよばれる赤っぽい火山灰でおおわれた台地が広い面積をしめるからです。

　　　　［　　　　　　　］にあてはまることばを答えましょう。

□(2)　関東地方では、大消費地に近いという利点を生かして、大都市向けの野菜の栽培がさかんです。このような農業を何といいますか。

□(3)　表中の群馬県では、キャベツの生産量が多くなっています。群馬県の嬬恋村では、夏のすずしい気候を利用して、時期をずらしてキャベツを出荷しています。この栽培方法を何といいますか。

□(4)　表中のＡ～Ｄの都県の組み合わせとして正しいものを下から選び、記号で答えましょう。

　ア　Ａ＝埼玉県　　Ｂ＝茨城県　　Ｃ＝東京都　　Ｄ＝神奈川県

　イ　Ａ＝埼玉県　　Ｂ＝茨城県　　Ｃ＝神奈川県　　Ｄ＝東京都

　ウ　Ａ＝茨城県　　Ｂ＝埼玉県　　Ｃ＝東京都　　Ｄ＝神奈川県

　エ　Ａ＝茨城県　　Ｂ＝埼玉県　　Ｃ＝神奈川県　　Ｄ＝東京都

レベル B 問題演習　　　日能研　正答率 80% 〜 50%

◆　関東地方の工業について、次の地図を見てあとの各問いに答えましょう。

→ 解答は107ページ

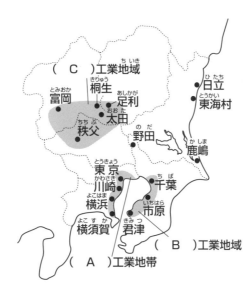

問1　地図中の（　A　）工業地帯について、(1)・(2)の問いに答えましょう。

□(1)　この工業地帯の名を答えましょう。

□(2)　この工業地帯について説明した次のア〜エの文のうち、正しくないものを選び、記号で答えましょう。

ア　大正時代に浅野総一郎によって埋め立てがおこなわれ、大きな工場がつくられるようになった。

イ　戦前から2015年まで、工業生産額はずっと日本一をほこっている。

ウ　工業別の生産額は、機械工業が多く、せんい工業が少なくなっている。

エ　印刷・同関連業がさかんで、その生産額は東京都が全国で第１位になっている。

問2　地図中の（　B　）工業地域について、(1)・(2)の問いに答えましょう。

□(1)　この工業地域の名を答えましょう。

□(2)　右のグラフは、この工業地域の工業別生産額の割合をあらわしたものです。グラフ中の①〜③にあてはまる工業の組み合わせとして正しいものを下から選び、記号で答えましょう。

ア　①＝金属　　　②＝機械　　　③＝化学

イ　①＝化学　　　②＝金属　　　③＝機械

ウ　①＝機械　　　②＝化学　　　③＝金属

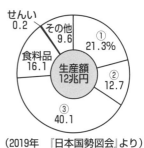

せんい 0.2
その他 9.6
食料品 16.1
生産額 12兆円
① 21.3%
② 12.7
③ 40.1

(2019年 『日本国勢図会』より)

レベル B　問題演習

問3　前の地図中の（　C　）工業地域について、(1)・(2)の問いに答えましょう。

□(1)　この工業地域の名を答えましょう。

□(2)　この工業地域にある桐生や足利では絹織物業が、富岡では製糸業がさかんです。これは、昔からこの地域には□□□□□をおこなう農家が多いことと関係があります。□□□□□にあてはまることばを答えましょう。

□**問4**　次の①〜⑤の説明にあてはまる都市を前の地図中から選び、それぞれ答えましょう。

①　1960年代に大型タンカーが接岸できる掘りこみ港がつくられ、大工場がつぎつぎと建設されるようになりました。

②　日本で最初に原子力発電所が建設され、原子力研究の中心となってきました。

③　醸造業がさかんで、特にしょうゆの生産が古くからさかんです。

④　石灰石の産地で、セメント工業がさかんになっています。

⑤　かつては銅鉱山の町として発展しましたが、現在では家庭電気製品の生産がさかんです。

□**問5**　前の地図中にある都市のうち、次の①・②の都市で共通して発達している工業の種類をあとのア〜エから選び、それぞれ記号で答えましょう。

①　鹿嶋・千葉・君津・川崎　　　②　市原・川崎

ア　石油化学工業　　　イ　自動車工業　　　ウ　製鉄業　　　エ　造船業

第 15 回 東北地方のようす

要点ピックアップ

1 東北地方の農林水産業

①**稲作** 秋田平野・庄内平野・仙台平野でさかんである。秋田県の八郎潟は、日本で2番目に大きい湖だったが、干拓されて水田地帯になった。

②**くだものづくり** 青森県でりんご、山形県でさくらんぼ、福島県でももの生産量が多い。

③**林業** 秋田のすぎ・津軽のひばは天然の三大美林として知られる。

→あと1つは、中部地方の木曽のひのき

④**水産業** 宮城県の石巻港や青森県の八戸港の水あげ量が多い。
仙台湾でかき、陸奥湾でほたて貝の養殖がさかんである。

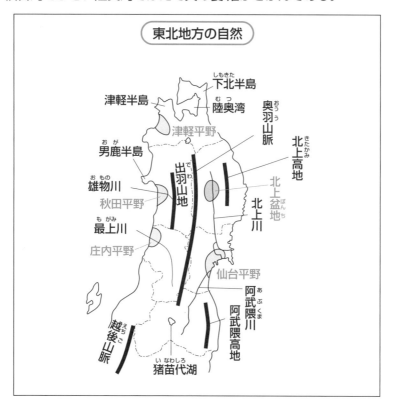

東北地方の自然

2 東北地方の工業

①**発電** 福島県の太平洋岸に原子力発電所、岩手県に地熱発電所、只見川(福島県)流域に水力発電所。
青森県の六ヶ所村に核燃料サイクル施設が建設されている。

②**伝統的工芸品** 青森県の津軽塗、岩手県の南部鉄器、秋田県の大館曲げわっぱ、宮城県の宮城伝統こけし、山形県の天童将棋駒、福島県の会津塗など。

レベル **A** 問題演習

日能研正答率 100% ～ 80%

次の表は、東北地方各県の米のとれ高・漁獲量・おもなくだもののとれ高をくらべたものです。表中の１～６の番号は、右の地図にしめした番号の県をあらわしています。これを見て、あとの各問いに答えましょう。

→ 解答は107・108ページ

	米	漁獲量	くだもの			
			あ	い	う	ぶどう
1	256900	183524	463000	682	1530	4810
2	501200	6040	25200	366	1310	2100
3	268600	122902	47200	54	972	3480
4	393800	4103	41500	13000	8510	15500
5	353400	271109	2680	22	230	247
6	335800	70808	21100	365	22800	2430
全国	7563000	4196639	763300	17200	98900	163400

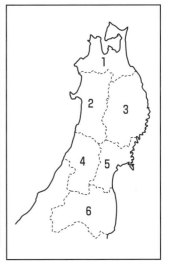

※統計は米が2021年、漁獲量が2019年、他は2020年。数字の単位はトンで、
……はとれ高がわずかか不明であることをしめす。『日本国勢図会』および「作物統計調査」より

問1 東北地方の米づくりについて、(1)～(3)の問いに答えましょう。

□(1)　右のグラフは、地方別の米のとれ高の割合をあらわしたものです。グラフ中のア～エから、東北地方をしめしたものを選び、記号で答えましょう。

　　ただし、グラフ中のア～エは、東北地方、北海道地方、関東地方、九州・沖縄地方のいずれかをしめしています。

□(2)　次の各文は、東北地方の米の産地についてのべたものです。それぞれの文にある「この平野」の名を答えましょう。

●2の県にあるこの平野は、雄物川の下流に位置しています。また、この平野がある2の県には、かつて日本で2番目に広かった湖を干拓して米作地帯となったところもあります。

●4の県にあるこの平野は、最上川の下流に位置しています。古くから米どころとして知られ、江戸時代に米の積み出し港として栄えた港町があります。

●5の県にあるこの平野は、北上川や阿武隈川の下流に位置しています。東北地方でただひとつの政令指定都市もあり、かつて日本を代表する米の品種であったササニシキの産地として知られています。

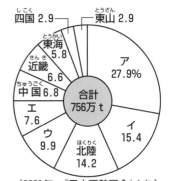

（2021年　『日本国勢図会』より）

□(3) 東北地方でおもに栽培されている米の品種としてふさわしくないものを下から選び、記号で答えましょう。

ア ななつぼし　　イ ひとめぼれ　　ウ あきたこまち　　エ はえぬき

問2 前の表を見ると、東北地方は太平洋に面した県で漁獲量が多くなっています。右の地図は、漁獲量が3万トン以上の漁港などをあらわしたものです（2016年）。これを見て、(1)～(3)の問いに答えましょう。

□(1) 次の①・②の文は、東北地方の太平洋側に漁獲量の多い漁港が発達している理由についてのべたものです。それぞれの文の（　　　）にあてはまることばを答えましょう。

① 太平洋側の三陸海岸は、出入りのはげしい（　　　）海岸になっていて、奥深い入り江は波が静かで、漁港をつくるのに適しています。

② 三陸海岸の沖には、暖流と寒流がぶつかる（　　　）ができていて、多くの種類の魚がとれます。

□(2) 地図中の④・Bにあてはまる漁港の名を下から選び、それぞれ記号で答えましょう。

ア 銚子　　イ 境　　ウ 石巻　　エ 焼津　　オ 八戸

□(3) 東北地方の海では、養殖もさかんです。地図中の©・Dの湾でさかんに養殖されているものを下から選び、それぞれ記号で答えましょう。

ア ほたて貝　　イ うなぎ　　ウ 真珠

エ かき　　オ はまち

問3 前の表中のあ～うには、いずれもくだものの名があてはまります。東北地方のくだものづくりについて、(1)～(3)の問いに答えましょう。

□(1) あのくだもののとれ高が東北地方でもっとも多い県の名を答えましょう。また、あにあてはまるくだものの名を答えましょう。

□(2) いのくだもののとれ高が東北地方でもっとも多い県の名を答えましょう。また、いにあてはまるくだものの名を答えましょう。

□(3) うのくだもののとれ高が東北地方でもっとも多い県の名を答えましょう。また、うにあてはまるくだものの名を答えましょう。

レベル B　問題演習　日能研　正答率　**80%**　～　**50%**

東北地方の工業について、次の文章を読んであとの各問いに答えましょう。

→　解答は108ページ

　東北地方はみちのく(道の奥)といわれ、長く開発のおくれたところでした。1960年代になると、政府はバランスのとれた国土の開発を目指すために、東北地方など工業化の進んでいない地域に₁工業化を進める計画を立てました。しかし、皮肉なことに、こうした計画が立てられたころ、東北地方の人々は関東地方などの大都市へ働きに出るようになりました。

　その後1980年代になって東北新幹線や₂東北縦貫自動車道が開通すると、新しい工業が発達し、以前より多くの観光客がやってくるようになりました。また、1988年には(　３　)トンネルが開通し、本州と北海道が鉄道で結ばれました。さらに東北地方は、電源地帯としての大きな役割をはたしていることも見逃してはなりません。

　₄ここでは水力発電、原子力発電、地熱発電など、豊かな自然の特色を生かした発電がさかんにおこなわれています。また、₅長い歴史をもつ伝統的工芸品も数多くあります。

問1　下線部１について、右の地図１は東北地方で開発のおこなわれた地域をしめし、次のA～Eの文はこれらの地域について説明しています。これについて、(1)～(4)の問いに答えましょう。

A　東北地方最大の人口をもつ都市である(　①　)市や、漁港があることで知られる石巻市を中心に、製油業や食料品工業がおこなわれています。

B　東北地方有数の水あげ量をほこる(　②　)港がひかえていることもあり、食料品工業がさかんです。また、金属工業や、近くでとれる石灰石を原料としたセメント工業もおこなわれています。

C　閉山になった常磐炭田の跡地を利用し、新たに工場を建設して発展してきました。いわき市を中心に、電気機械工業などがさかんな地域です。

D　雄物川河口部に広い工業用地があったことや、工業用水に川の水が利用できたことなどから工業化が進みました。電気機械をはじめ、木材や木工製品の生産もさかんです。

E　小川原湖の北にある(　③　)村を中心とする「むつ小川原地区」に、石油備蓄基地や核燃料サイクル施設などが建設されました。

地図１

□(1)　Aの文中の（　①　）には、東北地方で唯一の政令指定都市の名があてはまります。この都市の名を答えましょう。

□(2)　Bの文中の（　②　）にあてはまる漁港の名をひらがなで答えましょう。

□(3)　Eの文中の（　③　）にあてはまる村の名を答えましょう。また、この村の核燃料サイクル施設の説明としてふさわしいものを下から選び、記号で答えましょう。

　　ア　原子力発電にもちいる核燃料のもとであるウランを採掘する施設

　　イ　使用済み核燃料の再利用や処分を行うための施設

　　ウ　ウランを核燃料以外の目的にも利用できるように加工する施設

□(4)　A〜Dの文は、地図中の　あ〜え　のどの地域について説明したものですか。ふさわしいものを選び、それぞれ記号で答えましょう。

問2　下線部2について、(1)・(2)の問いに答えましょう。

□(1)　東北縦貫自動車道の周辺や空港の周辺に、ある工業製品をつくる工場がたくさんつくられたことから、この自動車道はシリコンロードとよばれています。シリコンを原料に使用する工場としてふさわしいものを下から選び、記号で答えましょう。

　　ア　自動車工場　　　　イ　製鉄所　　　　　ウ　石油化学工場

　　エ　半導体工場　　　　オ　食料品工場

□(2)　東北縦貫自動車道を青森から東京に向かうときに通る県の順番として正しいものを下から選び、記号で答えましょう。

　　ア　青森県・秋田県・岩手県・福島県・宮城県

　　イ　青森県・岩手県・秋田県・福島県・山形県

　　ウ　青森県・秋田県・岩手県・宮城県・福島県

　　エ　青森県・岩手県・山形県・福島県・宮城県

□**問3**　（　3　）にあてはまるトンネルの名を答えましょう。また、このトンネルによって結ばれた半島を次から2つ選び、記号で答えましょう。

　　ア　下北半島　　　　イ　牡鹿半島　　　　ウ　能登半島

　　エ　渡島半島　　　　オ　津軽半島　　　　カ　男鹿半島

レベル B 問題演習

□**問4**　下線部4について、次の地図2の◎・△・■は、水力・原子力・地熱発電所のある場所をしめしています。正しい組み合わせを下から選び、記号で答えましょう。

　ア　◎ー水力　　　△ー地熱　　　■ー原子力
　イ　◎ー地熱　　　△ー水力　　　■ー原子力
　ウ　◎ー地熱　　　△ー原子力　　■ー水力
　エ　◎ー原子力　　△ー水力　　　■ー地熱
　オ　◎ー原子力　　△ー地熱　　　■ー水力

地図2

(水力、原子力は2021年、地熱は2016年
『日本国勢図会』、日本地熱協会調べ)

□**問5**　下線部5について、次の①〜③は、東北地方を代表する伝統的工芸品です。これらの工芸品がさかんにつくられている場所を右の地図3から選び、それぞれ記号で答えましょう。

　①　南部鉄器
　②　こけし
　③　将棋の駒

地図3

第 16 回

北海道地方のようす

要点ピックアップ

1 北海道の農水産業

①**稲作** 石狩川流域の石狩平野や上川盆地でさかんである。他の場所から土を運び入れる客土によって泥炭地を改良した。

②**畑作** 十勝平野では、じゃがいも・てんさい(さとうの原料)・豆類などの栽培がさかんである。

③**酪農** 火山灰地の根釧台地では、国の計画によってパイロットファームとよばれる実験農場が建設され、大規模な酪農がおこなわれている。

④**水産業** 釧路港は北洋漁業の基地で、たら類の水あげ量が多い。

　　　　サロマ湖でほたて貝の養殖がさかんである。

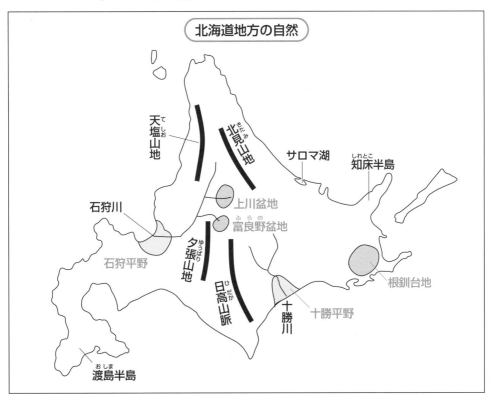

北海道地方の自然

天塩山地　北見山地　サロマ湖　知床半島　石狩川　上川盆地　富良野盆地　石狩平野　夕張山地　日高山脈　根釧台地　十勝川　十勝平野　渡島半島

2 北海道の工業

かつては石炭をたくさん産出していたが、夕張炭田・石狩炭田などが閉山した。

工業のさかんな都市 室蘭(製鉄)、苫小牧(製紙・パルプ)、札幌(ビール・乳製品)、帯広(製糖)、釧路(水産加工)など。

レベル **A** 問題演習　　　　日能研 正答率 100% ～ 80%

◆ 右の北海道(ほっかいどう)の地図を見て、あとの各問いに答えましょう。

→ 解答は108ページ

問1　地図中のAの地域(ちいき)について、(1)・(2)の問いに答えましょう。

□(1)　Aの地域は、北海道を代表する米作地帯となっている平野をしめしたものです。この平野の名を答えましょう。

□(2)　Aの平野で米づくりをさかんにするために、どのような土地改良が行われましたか。下から選び、記号で答えましょう。

ア　植物がくさらずに積もってできた泥炭地(でいたんち)が広がっていたが、ほかの場所から土を運んで入れる客土(きゃくど)がおこなわれた。

イ　潮(しお)の満ち引きが大きい遠浅の海に堤防(ていぼう)をつくり、その内側の水をぬいて耕地(こうち)を広げ、水田をつくった。

ウ　どろ深い湿田(しつでん)が広がっていたが、分水路をつくって川の水の流出をよくしたり、排水施設(はいすいしせつ)をつくったりして、乾田(かんでん)化した。

問2　地図中のBの地域について、(1)・(2)の問いに答えましょう。

□(1)　Bの地域は、北海道を代表する畑作地帯となっている平野をしめしたものです。この平野の名を答えましょう。

□(2)　Bの平野でさかんに栽培(さいばい)されている畑作物としてふさわしくないものを下から選び、記号で答えましょう。

ア　大豆　　　　イ　茶　　　　ウ　てんさい　　　　エ　じゃがいも

問3　地図中のCの地域について、(1)・(2)の問いに答えましょう。

□(1)　Cの地域は、北海道を代表する酪農(らくのう)地帯となっている台地をしめしたものです。この台地の名を答えましょう。

□(2)　Cの台地は火山灰(かざんばい)におおわれた原野でしたが、戦後国の計画によって（　　　　）という実験農場が建設(けんせつ)され、今では大規模(だいきぼ)な酪農がおこなわれています。

（　　　　）にあてはまることばをカタカナで答えましょう。

レベル B 問題演習

◆ 北海道の工業について、次の文章を読んであとの各問いに答えましょう。

→ 解答は108ページ

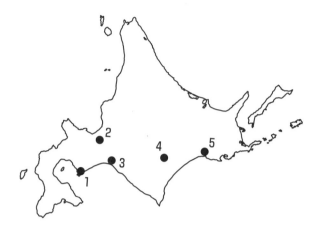

　北海道は、アイヌといわれる先住民族が住む土地でした。彼らは農耕をおこなわず、狩猟・採集をおこなうことによって生活していました。本州や九州にいた人々は稲作を中心とした生活を送っていたため、文化のちがう北海道やそこに住む人々のことを、当時の人々は蝦夷とよんでいました。

　明治時代になると、蝦夷という名称は北海道と改められ、正式に日本の都道府県に組みこまれました。そして屯田兵によって荒れた土地の開拓が始まりました。北海道は石炭をはじめとする資源が豊富でしたが、厳しい寒さと泥炭地は、開拓の行く手をはばみました。

　戦後になると欧米式の大規模な農業が導入されたり、重化学工業化がさかんにおこなわれるようになり、本格的に開発が進められるようになりました。最近では、雄大な自然にふれに多くの観光客が北海道を訪れています。

□問1　次のア〜オの文は、地図中の１〜５の都市でさかんな工業について書かれた文です。１〜５の都市にあてはまる説明を選び、それぞれ記号で答えましょう。また、１〜５の都市名をあとのカ〜コから選び、それぞれ記号で答えましょう。

　ア　明治時代に官営工場として、この都市にビール工場がつくられました。現在でもビールをはじめ、チーズやバターなどの乳製品が多くつくられています。

　イ　この都市は、原料の輸入や製品の積み出しに便利な港にめぐまれ、近隣で燃料となる石炭が採掘されていたことから、古くから製鉄業がさかんでした。

　ウ　豊富な森林資源と水源を生かし、この都市では古くから製紙・パルプ工業がさかんにおこなわれています。また、本州とはフェリーで結ばれています。

レベル B　問題演習

　　エ　この都市にある漁港は、北洋漁業を中心に1990年代のはじめまで、日本一の水あげ
　　　　量をほこっていました。ここで水あげされた水産物を生かした水産加工業がさかんに
　　　　おこなわれています。

　　オ　十勝平野中央部に位置するこの都市では、東京都・千葉県・埼玉県を合わせたくら
　　　　いの広い土地と冷涼な気候を生かして畑作や酪農が大規模におこなわれており、食料
　　　　品工業がさかんです。

　　カ　苫小牧
　　キ　札幌
　　ク　室蘭
　　ケ　釧路
　　コ　帯広

☐**問2**　次のア・イは、地図中の1〜5のどの都市にもっとも関係が深いですか。それぞれ番
　　　号で答えましょう。
　　ア　掘りこみ港　　　　イ　てんさい

☐**問3**　次の文のうちふさわしくないものを選び、記号で答えましょう。
　　ア　北海道では、食料品工業がさかんにおこなわれている。
　　イ　北海道は、全国にしめる工業生産額の割合が非常に低い。
　　ウ　北海道は、東北地方より面積がせまい。
　　エ　北海道は、東北地方より人口が少ない。

［参考］『日本国勢図会2023/24』『日本国勢図会2022/23』『世界国勢図会2022/23』
　　　　『データでみる県勢2022年版』（いずれも矢野恒太記念会）

これだけはおさえておこう!! らくらくチェック116題

🐼 第1回　日本列島

☐ **1**　日本列島の西にある大陸の名を書きましょう。

☐ **2**　緯度が0度となる線を何といいますか。

☐ **3**　経度が0度となる旧グリニッジ天文台がある国はどこですか。

☐ **4**　日本の最南端である沖ノ鳥島のある都道府県はどこですか。

☐ **5**　日本の国土面積はおよそ何万㎢ですか。

☐ **6**　日本の島の数はおよそいくつですか。

☐ **7**　日本の海岸線の長さはおよそ何㎞ですか。

☐ **8**　北海道の北にあって冬には流氷がおしよせることでも知られる
海はどこですか。

☐ **9**　東シナ海などで見られる浅くなだらかな海底を何といいます
か。

☐ **10**　太平洋岸の三陸海岸などで見られる出入りの激しい海岸を何と
いいますか。

🐼 第2回　都道府県と都市

☐ **11**　もっとも面積のせまい都道府県はどこですか。

☐ **12**　もっとも人口の少ない都道府県はどこですか。

☐ **13**　8地方の中でもっとも人口の多い地方はどこですか。

☐ **14**　政令指定都市は2022年現在いくつありますか。

🐼 第3回　日本の地形

☐ **15**　日本の国土のうち山地のしめる割合はどれくらいですか。

☐ **16**　日本の国土のうち森林のしめる割合はどれくらいですか。

☐ **17**　日本でもっとも流域面積の広い川はどこですか。

☐ **18**　流域に三日月湖の多く見られる、日本で3番目に長い川は何と
いいますか。

☐ **19**　信濃川の河口がある、米づくりのさかんな平野はどこですか。

☐ **20**　富士川・球磨川とともに日本三急流とよばれる川はどこですか。

🐼 第4回　日本の気候

☐ **21**　日本の大部分がふくまれる気候帯を何といいますか。

□22 夏に日本海側の高温の原因となる、かわいた熱風がふきおりる
現象（げんしょう）を何といいますか。

□23 日本海側の気候で降水量（こうすい）が多くなる季節はいつですか。

□24 太平洋側の気候で降水量が多くなる季節はいつですか。

□25 降水量が少なく、一日および一年の最高気温と最低気温の差が
大きい気候を何といいますか。

□26 雨があまりふらず、農作物がかれる被害（ひがい）を何といいますか。

□27 夏の冷たい風の影響（えいきょう）で気温があまり上がらず、農作物の生育が
悪くなることを何といいますか。

🐼 第5回　日本の人口

□28 日本の人口はおよそ何億何千万人ですか。

□29 2022年現在、世界でもっとも人口の多い国はどこですか。

□30 1㎢あたりの人口のことを何といいますか。

□31 人口の多い地域（ちいき）がかかえる問題点を何といいますか。

□32 人口の少ない地域がかかえる問題点を何といいますか。

□33 都心部の人口が減少（げんしょう）し、その周辺部の人口が増加（ぞうか）する現象（げんしょう）を何
といいますか。

□34 日本の産業別人口で、もっとも多いのは第何次産業ですか。

□35 男女別・年齢別（ねんれい）に人口をあらわしたグラフを何といいますか。

□36 現代（げんだい）の日本のように、人口にしめる65歳（さい）以上の人の割合（わりあい）が高い
社会のことを何といいますか。

□37 出生率（しゅっしょうりつ）が低下して子どもの数がへることを何といいますか。

🐼 第6回　日本の農業

□38 日本人の主食として現在（げんざい）でも自給率（りつ）が高い農作物は何ですか。

□39 大都市の周辺でおこなわれている農業は何ですか。

□40 冬でもあたたかい気候を利用して、夏にできる野菜を冬につく
る農業を何といいますか。

□41 夏でもすずしい気候を利用して、春や秋にできる野菜を夏につ
くる農業を何といいますか。

□42 農作物がとれすぎることによってねだんが下がり、利益（りえき）が少な
くなることを何といいますか。

☐**43** 茶やたばこなど、加工して使われたり工業製品の原料になったりする農作物を何といいますか。

🐼 第7回　日本の水産業

☐**44** 数日間をかけ、沿岸から30〜50kmほどの沖でおこなう漁業を何といいますか。

☐**45** 数か月にわたり、外国など遠くの海でおこなう漁業を何といいますか。

☐**46** 10トン未満の船で、海岸近くで日帰りでおこなう漁業を何といいますか。

☐**47** 魚介類や海そうなどを人工的に育てて収穫する漁業を何といいますか。

☐**48** 人工的に育てた稚魚を海に放流し、大きくなったらとる漁業を何といいますか。

☐**49** まぐろをとる代表的な漁法を何といいますか。

☐**50** いわしをとる代表的な漁法を何といいますか。

☐**51** 一本づりによって捕獲される代表的な魚は何ですか。

☐**52** 自国の沿岸から200カイリ以内の水産資源を管理できる水域を何といいますか。

☐**53** 200カイリはおよそ何kmですか。

☐**54** プランクトンの異常発生によって海が赤くにごる現象を何といいますか。

🐼 第8回　日本の食料輸入

☐**55** 日本の食料自給率(熱量換算)はおよそ何%ですか。

☐**56** おもな食料のうち米以外で自給率が90%をこえているものは何ですか。

☐**57** みそ・しょうゆの原料でありながら自給率が10%以下の食料は何ですか。

☐**58** 日本が米の輸入においてもうけている最低輸入義務を何といいますか。

☐**59** 日本がもっとも多く輸入している食料は何ですか。

☐**60** 日本が食料をもっとも多く輸入している国はどこですか。

第9回　日本の工業

☐ 61　金属工業・機械工業・化学工業をまとめて何といいますか。

☐ 62　重化学工業以外の工業をまとめて何といいますか。

☐ 63　日本の工業でもっとも生産額が多い工業は何ですか。

☐ 64　関東地方から九州地方まで帯状につらなる工業の発展した地域を何といいますか。

☐ 65　日本の工業地帯・地域の中でもっとも生産額の多い、濃尾平野を中心とした工業地帯はどこですか。

☐ 66　埼玉県・栃木県・群馬県にまたがる工業地域はどこですか。

☐ 67　東京を中心とした工業地帯はどこですか。

☐ 68　大阪を中心とした工業地帯はどこですか。

第10回　九州地方のようす

☐ 69　冬でもあたたかい気候を利用してピーマンなどの促成栽培がさかんな平野はどこですか。

☐ 70　鹿児島県を中心に広がる火山灰地を何といいますか。

☐ 71　沖縄県で栽培がさかんな工芸作物で、さとうの原料となるものは何ですか。

☐ 72　熊本県・長崎県・佐賀県で栽培がさかんなくだものは何ですか。

☐ 73　八幡製鉄所を中心に発達した福岡県の工業地帯はどこですか。

☐ 74　ＩＣ（集積回路）などの半導体をつくる工場が多いことから、九州は何とよばれていますか。

☐ 75　有田・伊万里・唐津でさかんに生産されている工業製品は何ですか。

☐ 76　九州の西にあり、大陸だなの発達した海を何といいますか。

第11回　中国・四国地方のようす

☐ 77　鳥取県で栽培がさかんなくだものは何ですか。

☐ 78　岡山県・広島県・山口県・香川県・愛媛県にまたがる工業地域は何といいますか。

☐ 79　宇部でさかんな工業は何ですか。

☐ 80　呉・玉野・坂出でさかんな工業は何ですか。

□ **81** 水不足をおぎなうために、讃岐平野などに多く見られる施設は何ですか。

□ **82** 水不足をおぎなうために讃岐平野に引かれている用水は何ですか。

第12回　近畿地方のようす

□ **83** 近畿地方にある日本最大の半島はどこですか。

□ **84** 近畿地方にある日本最大の湖はどこですか。

□ **85** 大阪の泉佐野でさかんな工業は何ですか。

□ **86** 京都の伝統的工芸品として有名な織物は何ですか。

□ **87** 三重県の志摩半島でさかんに養殖されているものは何ですか。

□ **88** 尾鷲ひのき・吉野すぎ・天竜すぎは何とよばれていますか。

□ **89** 大阪市・神戸市・京都市以外に、近畿地方の政令指定都市はどこですか。

第13回　中部地方のようす

□ **90** 長野県にある、高地の気候を生かした抑制栽培がさかんな場所はどこですか。

□ **91** 木曽川から引かれている用水は何ですか。

□ **92** 浜名湖でさかんに養殖されている魚介類は何ですか。

□ **93** 渥美半島でさかんにおこなわれている、抑制栽培によって出荷の時期をずらした菊を何といいますか。

□ **94** 豊田でさかんな工業は何ですか。

□ **95** 静岡県東部の茶の生産がさかんな台地はどこですか。

□ **96** かつおやまぐろなどを中心に日本有数の水あげ量をほこる漁港はどこですか。

□ **97** 製紙の富士・富士宮や楽器の浜松などをふくむ静岡県の工業地域はどこですか。

第14回　関東地方のようす

□ **98** 関東平野一帯に広がる赤土の火山灰層を何といいますか。

□ **99** 利根川下流域に広がる低湿地帯のことを何といいますか。

☐100 利根川下流域でさかんな、台風の影響をさけて早めに収穫する米を何といいますか。

☐101 関東地方にふく北西の冷たい風を何といいますか。

☐102 掘りこみ港を中心に石油化学コンビナートや火力発電所のある茨城県の工業地域を何といいますか。

第15回 東北地方のようす

☐103 秋田平野・庄内平野・宮城平野では、どんな作物が農業の中心ですか。

☐104 干拓によって水田地帯になった秋田県の大きな湖は何ですか。

☐105 秋田すぎ・津軽ひば・木曽ひのきは何とよばれていますか。

☐106 核燃料サイクル施設が建設されている青森県の村はどこですか。

☐107 東北地方の伝統的工芸品で、鳴子(宮城県大崎市)などの産地で知られる人形は何ですか。

☐108 東北地方の中央部をはしる山脈を何といいますか。

☐109 宮城県で特に水あげ量の多い漁港はどこですか。

第16回 北海道地方のようす

☐110 釧路港が基地となっているオホーツク海を中心とした漁業を何といいますか。

☐111 かつて夕張・石狩・釧路などで産出していたエネルギー原料は何ですか。

☐112 根釧台地に建設された、大規模な酪農をおこなう実験農場を何といいますか。

☐113 泥炭地を改良するためにほかの場所から土を運び入れる方法を何といいますか。

☐114 日本でもっとも低い気温を記録したことがある旭川市はどこの盆地にありますか。

☐115 じゃがいも・てんさい・豆類などの畑作がさかんな平野はどこですか。

☐116 本州とフェリーで結ばれた、北海道で製紙・パルプ工業のさかんな都市はどこですか。

第1回　日本列島

レベルA

問題は**7〜9**ページ

問1 イ　**問2** (1)1 イ　2 エ　(2)1　3(倍)　2　2(倍)　3　2(倍)　**問3**
①オホーツク海　②日本海　③太平洋　④東シナ海　（番号）④　**問4** (1)⑤択捉島
⑥南鳥島　⑦沖ノ鳥島　⑧与那国島　(2)1 イ　2 ウ　(3)（東）東京都　（西）沖縄県
(4)①ア　②ロシア　**問5** （海流がぶつかるところ）潮目　（北から南）千島海流　（南
から北）日本海流　**問6** イ　**問7** (1)1 エ　2 ア　3 イ　4 ウ　(2)A ウ　B イ
(3)C エ　D ウ

解説　**問4**　(3)　本州の南につらなる伊豆半島や小笠原諸島は東京都に属しますが、
日本の東端の南鳥島や南端の沖ノ鳥島も東京都に属します。

問7　(3)　ア　瀬戸内しまなみ海道で結ばれているのは、広島県尾道市と愛媛
県今治市です。　イ　明石海峡大橋で淡路島と兵庫県神戸市が、大
鳴門橋で淡路島と徳島県鳴門市が結ばれています。　ウ　青函トン
ネルの「青函」は、青森県の「青」と北海道函館市の「函」から名づけられ
ました。　エ　アクアライン（東京湾横断道路）は神奈川県川崎市と
千葉県木更津市を結んでいます。

レベルB

問題は**10・11**ページ

問1 (1)伊豆(半島)　(2)イ・エ　(3)（島の名）佐渡島　（記号）イ　**問2** (1)リアス海
岸　(2)①大分県　②愛媛県　(3)長崎県　**問3** イ

解説　**問1**　(2)　日本は東経123度から東経154度の間に広がっています。その中間の
東経138度30分の経線は、新潟県・長野県・群馬県・山梨県・静岡県を
通過しています。

第2回　都道府県と都市

レベルA

問題は**13**ページ

問1 （都）東京都　（道）北海道　（府）大阪府・京都府　**問2** (1)①キ　②ア　③イ
④オ　⑤ウ　⑥エ　(2)金沢市・松山市

解説　**問2**　(2)　石川県の県庁所在都市は金沢市、愛媛県の県庁所在都市は松山市で
す。

問題は**14・15**ページ

レベル B

問1 (1)北海道・沖縄県　(2)(県の名)長野県　(数)8　　**問2** ①イ　②ア　　**問3** (地方の名)中部地方　(数)9　　**問4** 福島県・福井県　　**問5** (1)1エ　2ウ　(2)ア　(3)20

解説　**問2**　①　海に面していない内陸県は、全部で8つあります。群馬県・栃木県・埼玉県・長野県・山梨県・岐阜県・奈良県・滋賀県の8県です。
　　　　②　北海道の道庁所在都市は札幌市、岩手県の県庁所在都市は盛岡市、千葉県の県庁所在都市は千葉市、群馬県の県庁所在都市は前橋市、愛媛県の県庁所在都市は松山市です。

問4　福島県は東北地方なので、②の地図に入るはずですが、③の地図に入っています。福井県は中部地方なので、④の地図に入るはずですが、⑤の地図に入っています。

問5　東京23区は、特別区といって一つ一つが独立した市のようにあつかわれるので、政令指定都市には入っていません。日本には全部で20の政令指定都市があります（2022年現在）。

第3回　日本の地形

問題は**17**ページ

レベル A

問1　1琵琶(湖)　2大雪(山)　3筑紫(平野)　4山形(盆地)　5甲府(盆地)　　**問2**　A淀川・ク　B石狩川・ア　C筑後川・ケ　D最上川・ウ　E富士川・カ

解説　**問1**　1　日本一面積の広い湖は滋賀県にある琵琶湖です。以下面積の広い順に、霞ヶ浦(茨城県)、サロマ湖(北海道)、猪苗代湖(福島県)となります。

問2　最上川・富士川・球磨川(熊本県)は、日本三急流とよばれています。

問題は**18・19**ページ

レベル B

問1　①F　②D　③E　　**問2**　(1)A赤石山脈　B関東山地　1長野県　(2)C讃岐山脈　D四国山地　2徳島県　(3)E奥羽山脈　F越後山脈　(記号)イ　　**問3**　①C　②E　　**問4**　イ・オ

解説　**問3**　①　讃岐平野では、昔から水不足になやみ、多くのため池をつくってきました。それでも水不足は解消しないので、となりの徳島県を流れる吉野川から用水路を引きました。この用水路を香川用水といいます。

問4　アの富山県と長野県の境になっているのは飛騨山脈、ウの岡山県と鳥取県の境になっているのは中国山地、エの三重県と滋賀県の境になっているのは鈴鹿山脈です。

第4回　日本の気候

問題は**21・22**ページ

レベル
A

問1 (1)(あ)D　(い)A　(う)B　(え)C　(お)F　(か)E　(2)イ　(3)フェーン現象（げんしょう）　(4)イ四国（しこく）(山地)　ロ中国（ちゅうごく）(山地)　**問2**　①F　②D　③A　**問3**（根室）（ねむろ）エ　（金沢）（かなざわ）カ　（高知）（こうち）ア　（長野）（ながの）イ　（岡山）（おかやま）オ　（那覇）（なは）ウ

解説　問2　①　さとうきびやパイナップルはあたたかい気候に適（てき）した作物なので、日本では沖縄県（おきなわ）が産地となっています。
②　長野県の野辺山原（のべやまはら）や群馬県（ぐんま）の嬬恋村（つまごい）では、夏のすずしい気候を利用して、春や秋につくるレタスやキャベツを夏につくっています。
③　北海道（ほっかいどう）の十勝平野（とかち）は火山灰地（かざんばいち）のため稲作（いなさく）に向かず、じゃがいもやてんさいなどをつくる畑作がさかんです。北海道の根釧台地（こんせん）も火山灰地で、気温が低いため、乳牛（にゅうぎゅう）を飼（か）って牛乳や乳製品を生産する酪農（らくのう）がさかんにおこなわれています。

問題は**23・24**ページ

レベル
B

問1　(あ)E　(い)C　(う)A　(え)B　(お)D　**問2**　(1)讃岐平野（さぬき）　(2)（用水路の名）香川用水（かがわ）　（川の名）吉野川（よしの）　**問3**　エ　**問4**　日照時間が短くなる　**問5**　やませ　**問6**　輪中（わじゅう）　**問7**　ア

解説　問3　屋根のかわらをしっくいでぬりかためるのは、沖縄県（おきなわ）の家に見られる台風の被害（ひがい）を防（ふせ）ぐためのくふうです。
問4　霧（きり）によって日光がさえぎられるということがわかれば正解（せいかい）です。

第5回　日本の人口

問題は**26〜28**ページ

レベル
A

問1　(1)A中国（ちゅうごく）　Bインド　(2)ウ　(3)イ　**問2**　ア　**問3**　(1)ア　(2)（状態）（じょうたい）過密（か）（みつ）　（記号）イ　(3)ドーナツ化現象（げんしょう）　(4)ア　**問4**　(1)イ　(2)あ3　い1　う2　え1　(3)ウ

解説　問1　(3)　人口密度（みつど）は「人口÷面積」という式で求めます。表にしめされた数字を使って、「12495（万人）÷38（万㎢）」という計算をします。

レベル A

問4 (3) 地図アを見ると、米づくりがさかんな新潟県や東北地方の県がしめされているので、第1次産業だと思ってしまいそうです。しかし、愛知県もしめされているので、第1次産業ではないと判断します。アは第2次産業、イは第3次産業をあらわしています。

レベル B

◆ 問題は**29・30**ページ

問1 (1)1 低い　2 高い　(2)エ　　問2 (1)ベビーブーム　(2)イ　(3)①(男性)イ (女性)ウ　②(社会)高齢社会(超高齢社会)　(記号)エ　③イ　④ウ

解説　問1 (2) 現在の日本のような先進国では、出生率と死亡率がともに低い「少産少死型」の人口構成になっています。

　　　問2 (2) 太平洋戦争は1941年に始まり、1945年に終わりました。

　　　　　(3) ③「60÷28」という式で求めます。

第6回　日本の農業

◆ 問題は**32・33**ページ

レベル A

問1 1 梅雨　2 夏　　問2 (1)①東北　②北陸　(2)品種改良　(3)イ　　問3 (1)新潟県　(2)A北海道・上川(盆地)　B宮城県・北上(川)　C山形県・庄内(平野)　D秋田県・八郎潟

解説　問2 (3) 同じ土地で1年に2回同じ作物をつくることを二期作、同じ土地で1年に2回ちがう作物をつくることを二毛作といいます。それに対して、1年に1回だけ作物をつくることを単作といいます。

　　　問3　D　八郎潟はかつて日本で2番目に大きい湖でしたが、湖の大部分が干拓(水をぬいて陸地にすること)され、広大な水田となりました。

◆ 問題は**34・35**ページ

レベル B

問1 A ウ　B カ　C イ　D オ　　問2 A ⓤ　B ⓤ　C ⓐ　(3)ⓘ　　問3 エ
問4 近郊農業　　問5 (1)抑制栽培　(2)長野(県)　(3)(群馬県)オ　①イ　(4)高原野菜(高冷地野菜)　　問6 (1)促成栽培　(2)高知(県)　(3)イ・オ

解説　問3 ももの都道府県別生産量順位(2017年)は、1位山梨県、2位福島県、3位長野県となっています。

　　　問6 (3) 夏にできる野菜を冬につくって時期はずれに出荷すると、市場での入荷量が少ないので高く売れるという利点があります。しかし、ビニールハウスの暖房費がかかるというなやみがあります。また、宮崎県

や高知県でなくても、ビニールハウスを建てれば促成栽培をできるので、大都市近郊でも促成栽培をおこなう農家がふえてきました。

第7回　日本の水産業

問題は**37～39**ページ

問1 (1)①エ・三陸沖　②ウ・東シナ海　③ア・オホーツク海　(2)①潮目　②大陸だな　③ロシア　**問2** (1)A沖合漁業　B遠洋漁業　C沿岸漁業　(2)Bオ　Cウ　(3)①エ・カ　②イ・キ　③ウ・ケ　**問3** (1)エ　(2)Aイ　Bア　Cエ

解説 **問2** (3)　①のはえなわは、長さ100km以上もある長い幹なわに、先につりばりのついたたくさんの枝なわをつけてまぐろをとります。②のまき網は、いわしの大群を網で取りかこんで一度にとります。③の一本づりは、多くの人がいっせいに、つりざおでかつおを1ぴきずつつりあげていきます。

問題は**40・41**ページ

問1 (1)Aペルー　B1　C8　(2)200　(3)中国　**問2** ①ウ　②ア　③イ

問3 (1)①エ　②ウ　③ア　④イ　(2)ウ

解説 **問3** (1)　①　のりの養殖がさかんな有明海は、佐賀県・福岡県・熊本県・長崎県の4県に面しています。

②　ほたて貝の養殖がさかんな陸奥湾は青森県、サロマ湖は北海道にあります。

③　かきの養殖がさかんな広島湾は広島県、仙台湾は宮城県にあります。

④　真珠の養殖がさかんな宇和海は愛媛県、大村湾は長崎県、志摩半島は三重県にあります。

(2)　人が魚にえさをあたえ続けるので、魚は早く成長します。

第8回　日本の食料輸入

問題は**43～45**ページ

問1 (1)(小麦)ウ　(大豆)イ　(とうもろこし)エ　(肉類)ア　(魚介類)オ　(2)イ　(3)イ　(4)エ　(5)ア　(6)200　**問2** (1)アメリカ　(2)関税　(3)ア　**問3** (1)ア　(2)ウ・オ

解説　問1　(2)　自給率は「国内生産量÷国内消費量（国内生産量＋輸入量－輸出量）
×100」という式で求めます。したがって、「22÷（22＋314－0）×100」
という計算をします。

(4)　清酒（日本酒）の原料は米です。

◆　問題は**46・47**ページ

問1　イ　　問2　2カ　3イ　4エ　　問3　兼業農家　　問4　(1)6エ　7ウ
(2)ア・ウ

解説　問2　2は3780万haの11.5%を計算で求めます。「3780（万ha）×0.115」という式
になりますが、わざわざ計算をしなくても、「国土面積はおよそ3800万ha、
農地は国土面積の約10%」と、およその数で計算しても答えを出すことがで
きます。

問3　農業だけで生活している農家を専業農家、農業以外の仕事もしている農
家を兼業農家といいます。

第9回　日本の工業

◆　問題は**49～51**ページ

問1　(1)重化学工業　(2)軽工業　　問2　(1)Aタンカー　Bエ　(2)ウ　(3)(しくみ)コ
ンビナート　(記号)ア　　問3　(1)A鉄鉱石　B石灰石　(2)ウ→イ→ア　　問4　(1)
ア　(2)コメ　　問5　ウ　　問6　ウ　　問7　(1)イ　(2)ア　　問8　(機械)イ　(せ
んい)オ

解説　問2　原油は石油精製工場で、ガソリン・灯油・重油・軽油・ナフサなどに分
けられます。ナフサからは、プラスチック・化学せんい（ナイロンやポリエ
ステルなど）・合成ゴム・ビニール・薬品など、さまざまなものがつくられ
ます。

問7　(1)　絹織物は蚕のまゆからとった生糸で織られたものです。

◆　問題は**52・53**ページ

問1　1化学（工業）　2せんい（工業）　　問2　(1)3　9（割）　4　7（割）　5　5
（割）　(2)関連（下うけ）（工場）　(3)エ　　問3　ア・オ　　問4　原料が外国から船で
運ばれてくるから。

解説　問1　化学工業は工場数では全体の1.9%にすぎませんが、生産額では全体の
13.3%をしめています。これは化学工場ではオートメーションのしくみが

レベルB

整っているからで、働く人1人あたりの生産額ももっとも多くなっています。

問4　製鉄所で使う鉄鉱石や石炭、石油化学工場で使う原油は、外国からの輸入にたよっています。そのため製鉄所や石油化学工場は、港に近い海ぞいの場所に建てられています。

第10回　九州地方のようす

◆ 問題は**55・56**ページ

レベルA

問1　ア　　問2　(1)C阿蘇山　D桜島　(2)あ カルデラ　い シラス　　問3　E イ　F ア　G ウ　　問4　(1)I オ　II ウ　III イ　(2)あ沖縄(県)　い宮崎(県)　う鹿児島(県)　　問5　①ウ　②ア

解説　問1　筑紫山地より九州山地のほうが高くてけわしい山地です。
　　　問5　アは夏の降水量がたいへん多いので、梅雨や台風の影響が大きい九州南部の宮崎、イは冬でも月の平均気温が17℃以上あるので、沖縄県の那覇になります。

◆ 問題は**57・58**ページ

レベルB

問1　(製鉄所の名)八幡製鉄所　(位置)2　　問2　(1)長崎(市)　(2)イ　　問3　(1)北九州(市)　(2)福岡(市)　　問4　(1)中国　(2)①石炭　②イ　　問5　(1)シリコン　(2)I C　　問6　(都市の名)水俣(市)　(位置)5　　問7　1 朝鮮(半島)　2 佐賀(県)　3 有田

解説　問2　長崎市と佐世保市では造船業がさかんです。
　　　問3　(2)　2018年現在、政令指定都市は次の20都市になっています。札幌市・仙台市・さいたま市・千葉市・横浜市・川崎市・相模原市・新潟市・静岡市・浜松市・名古屋市・京都市・大阪市・堺市・神戸市・岡山市・広島市・北九州市・福岡市・熊本市。
　　　問4　(2)　②　日本では1960年代に、エネルギー源の中心が石炭から石油にかわりました。このことをエネルギー革命といいます。
　　　問7　1590年代、日本は豊臣秀吉の命令により、二度にわたり朝鮮に攻めこみました。

第11回　中国・四国地方のようす

レベルA

◆ 問題は**60・61**ページ

問1 (1)A中国山地　B四国山地　(火山の名)大山　(2)山陽地方　**問2** (1)1 冬 2 夏　(2)ウ　**問3** (1)①イ　②ウ　(2)①(平野)讃岐平野　(用水路)香川用水　②D 吉野川　E徳島平野　**問4** (鳥取)イ　(高松)ア

解説　**問1**　(2)　中国地方の北側を山陰地方、南側を山陽地方といいます。
　　　　問4　降水量に注目し、年間降水量の少ないアの雨温図が高松、冬の降水量が 多いイの雨温図が鳥取だと判断できます。

レベルB

◆ 問題は**62～64**ページ

問1　ア・ウ　**問2**　北九州工業地帯　**問3**　(1)エ　(2)石灰石　**問4**　ウ・ エ　**問5**　(1)(広島)オ　(今治)ウ　(2)1 エ　2 イ　3 ア　**問6**　赤潮　**問7** (1)イ　(2)ウ

解説　**問3**　(2)　山口県の秋吉台には、カルストとよばれる石灰岩からなる台地が広 がっています。
　　　　問5　(1)　愛媛県の今治市は、タオルの生産量が多いことで知られてきました。
　　　　問7　(1)　アは阪神工業地帯、ウは京葉工業地域です。
　　　　　　　(2)　アは京葉工業地域、イは中京工業地帯、エは北九州工業地帯です。

第12回　近畿地方のようす

レベルA

◆ 問題は**66・67**ページ

問1　(尾鷲)ア　(舞鶴)エ　**問2**　1 琵琶湖　2 紀伊(山地)　3 淡路島　**問3** (1)淀川　(2)滋賀県・京都府・大阪府　**問4**　(1)①イ　②(尾鷲)イ　(吉野)エ　(2)和 歌山(県)　(3)①リアス海岸　②真珠　**問5**　(1)近郊農業　(2)ア

解説　**問1**　尾鷲は降水量のたいへん多いところです。舞鶴は日本海側に位置してい るので、冬の降水量に着目します。
　　　　問5　(2)　イの瀬戸内しまなみ海道は広島県と愛媛県、ウの大鳴門橋は兵庫県 淡路島と徳島県、エの瀬戸大橋は岡山県と香川県を結んでいます。

レベルB

◆ 問題は**68・69**ページ

問1　A～D大阪府　E兵庫県　**問2**　①E　②C　③A　**問3**　Aエ　Bア Cウ　Dオ　Eイ　**問4**　イ　**問5**　京都(市)

レベル B

解説　問2　①　兵庫県南西部の播磨平野にある姫路市を中心とする地域では、阪神工業地帯の延長として、戦後重化学工業が発達しました。

②　大阪府の内陸部の淀川ぞいの地域は、電気機械工業が発達し、多くの中小工場もあります。

③　大阪府南部は泉州地区とよばれ、昔からせんい工業が発達してきました。

問4　アは瀬戸内工業地域、ウは北九州工業地帯です。

第13回　中部地方のようす

◉ 問題は**71〜73**ページ

レベル A

問1　単作　　問2　ア　　問3　(1)越後平野　(2)イ　　問4　エ　　問5　イ

問6　ア　　問7　エ　　問8　(1)②長野盆地　③甲府盆地　(2)りんご　(3)イ

問9　茶　　問10　ウ　　問11　(1)(用水の名)愛知用水　(川の名)木曽川　(2)B明治用水　C豊川用水　(3)ア

解説　問3　(2)　かつて越後平野には湿田が多かったのですが、大河津分水路をつくって信濃川の水の流出をよくしたり、地中にパイプを埋めて水をぬく暗渠排水をおこなったりして、湿田を乾田にすることに成功しました。

問4　富山県や新潟県では、チューリップの球根の栽培がさかんです。

問11　Aは木曽川の水を引き入れた愛知用水で、知多半島までのびています。Bは矢作川の水を引き入れた明治用水で、岡崎平野をうるおしています。Cは豊川の水を引き入れた豊川用水で、渥美半島までのびています。

◆ 問題は**74・75**ページ

レベル B

問1　A愛知県　B新潟県　　問2　Cア　Dエ　Eイ　Fカ　　問3　1オ　2キ　3イ　4ウ　　問4　(豊田)ウ　(浜松)ア　　問5　エ　　問6　(中京)ア　(東海)エ

解説　問5　静岡県の富士市や富士宮市では製紙・パルプ工業がさかんですが、工場からの廃液が海に流れこみ、ヘドロ公害になやみました。

問6　それぞれのグラフにしめされている生産額も大きなヒントになります。イは阪神工業地帯、ウは瀬戸内工業地域です。

106

解答・解説

第14回　関東地方のようす

レベルA

◆ 問題は**77・78**ページ

問1　越後山脈　　**問2**　(1)からっ風　(2)屋敷森(屋敷林)　(3)ウ　　**問3**　(1)利根川
(2)あ2　い1　(3)霞ヶ浦　(4)水郷　(5)銚子(港)　　**問4**　F 房総半島　G 三浦半島
あ酪農　い三崎　　**問5**　(1)関東ローム(層)　(2)近郊農業　(3)抑制栽培　(4)ウ

解説　**問2**　　冬の北西の季節風が越後山脈にぶつかって日本海側に雪をふらせ、かわ
いた冷たい風が越後山脈をこえて群馬県や栃木県にふきおろしてきます。
この風をからっ風といい、からっ風を防ぐために家のまわりにつくられた
防風林を屋敷森といいます。

問5　(4)　はくさい・さつまいものとれ高が多いことからAが茨城県、千葉
県と同じようにねぎ・ほうれんそうのとれ高が多いことからBが埼玉
県、いずれの農産物もとれ高が少ないことからCが東京都だと考え
ます。

レベルB

◆ 問題は**79・80**ページ

問1　(1)京浜工業地帯　(2)イ　　**問2**　(1)京葉工業地域　(2)ア　　**問3**　(1)関東内陸
工業地域　(2)養蚕　　**問4**　①鹿嶋　②東海村　③野田　④秩父　⑤日立　　**問5**
①ウ　②ア

解説　**問1**　(2)　戦前は阪神工業地帯が日本一生産額の多い工業地帯でした。その後
京浜工業地帯が日本一生産額の多い工業地帯となりましたが、1999年
から中京工業地帯の生産額のほうが多くなっています。

問4　①　1960年代に、茨城県の鹿島灘の砂浜を掘って、大型タンカーが接岸
できる掘りこみ港がつくられると、石油化学コンビナート・製鉄所・
火力発電所が建設されました。

第15回　東北地方のようす

レベルA

◆ 問題は**82・83**ページ

問1　(1)ア　(2)2 秋田平野　4 庄内平野　5 仙台平野　(3)ア　　**問2**　(1)①リアス
(海岸)　②潮目　(2)Ａオ　Ｂウ　(3)Ｃア　Ｄエ　　**問3**　(1)青森県・りんご　(2)山形
県・さくらんぼ　(3)福島県・もも

解説　**問1**　(1)　イが関東地方、ウが九州・沖縄地方、エが北海道地方です。

(3)　ななつぼしはおもに北海道で栽培されています。ひとめぼれは仙台

平野、あきたこまちは秋田平野、はえぬきは庄内平野で多く栽培され
ている品種です。

レベル
A

レベル
B

◆ 問題は**84〜86**ページ

問1　(1)仙台（市）　(2)はちのへ　(3)六ヶ所（村）・イ　(4)Aう　Bあ　Cえ　Dい

問2　(1)エ　(2)ウ　　問3　（トンネル）青函トンネル　（半島）エ・オ　　問4　イ

問5　①イ　②ウ　③エ

解説　問1　(4)　Aは東北地方最大の人口をもつ都市（仙台市）や石巻市から、宮城県
だとわかります。Bの八戸は、水産業以外にも、セメント工業や水産
加工業がさかんです。Cのいわき市は福島県の都市で、東北地方で工
業生産額の大きい都市です。Dにある雄物川は秋田県を流れる川です。

第16回　北海道地方のようす

レベル
A

◆ 問題は**88**ページ

問1　(1)石狩平野　(2)ア　　問2　(1)十勝平野　(2)イ　　問3　(1)根釧台地　(2)パイ
ロットファーム

解説　問1　(2)　気温が低いため枯れた植物がくさらず、沼や湿地帯などに積み重な
ってできた土地を泥炭地といい、酸性が強くて作物の栽培に適しませ
ん。そこで他の場所から土を持ってくる客土をおこない、土地を改良
しました。

問2　十勝平野では、さとうの原料となるてんさい、大豆やあずきなどの豆類、
たまねぎやだいこんなどの野菜、小麦、じゃがいもなど、多くの作物がつ
くられています。

レベル
B

◆ 問題は**89・90**ページ

問1　1イ・ク　2ア・キ　3ウ・カ　4オ・コ　5エ・ケ　　問2　ア3　イ4

問3　ウ

解説　問2　苫小牧市では、製紙・パルプ工業がさかんで、さらに掘りこみ港をつく
り、広大な工業用地を造成しました。

問3　北海道の面積は約7.8万㎢（北方領土をふくめると約8.3万㎢）で、日本の面
積の約20%をしめています。東北地方の面積は約6.7万㎢です。

第1回　日本列島　問題は**92**ページ

1 ユーラシア大陸（アジア大陸）

2 赤道　**3** イギリス　**4** 東京都

5 38(万km²)　**6** 14000　**7** 35000

8 オホーツク海　**9** 大陸だな

10 リアス海岸

第2回　都道府県と都市　問題は**92**ページ

11 香川県　**12** 鳥取県

13 関東地方　**14** 20

第3回　日本の地形　問題は**92**ページ

15 4分の3　**16** 3分の2

17 利根川　**18** 石狩川

19 越後平野　**20** 最上川

第4回　日本の気候　問題は**92・93**ページ

21 温帯　**22** フェーン現象

23 冬　**24** 夏　**25** 内陸性の気候

26 干害　**27** 冷害

第5回　日本の人口　問題は**93**ページ

28 1億3千万人　**29** 中国

30 人口密度　**31** 過密　**32** 過疎

33 ドーナツ化現象　**34** 第三次産業

35 人口ピラミッド　**36** (超)高齢社会

37 少子化

第6回　日本の農業　問題は**93・94**ページ

38 米　**39** 近郊農業　**40** 促成栽培

41 抑制栽培　**42** 豊作貧乏

43 工芸農作物

第7回　日本の水産業　問題は**94**ページ

44 沖合漁業　**45** 遠洋漁業

46 沿岸漁業　**47** 養殖

48 栽培漁業　**49** はえなわ

50 まき網　**51** カツオ

52 排他的経済水域(漁業専管水域)

53 370(km)　**54** 赤潮

第8回　日本の食料輸入　問題は**94**ページ

55 37%　**56** 鶏卵(たまご)

57 大豆　**58** ミニマム・アクセス

59 魚介類　**60** アメリカ

第9回　日本の工業　問題は**95**ページ

61 重化学工業　**62** 軽工業

63 機械工業　**64** 太平洋ベルト

65 中京工業地帯

66 関東内陸工業地域

67 京浜工業地帯　**68** 阪神工業地帯

第10回　九州地方のようす　問題は**95**ページ

69 宮崎平野　**70** シラス台地

71 さとうきび　**72** みかん

73 北九州工業地帯

74 シリコンアイランド　**75** 陶磁器

76 東シナ海

第11回　中国・四国地方のようす

問題は**95・96**ページ

77 日本なし　**78** 瀬戸内工業地域

79 セメント　**80** 造船

81 ため池　**82** 香川用水

第12回　近畿地方のようす　問題は**96**ページ

83 紀伊半島　**84** 琵琶湖

85 せんい工業　**86** 西陣織

87 真珠　**88** 人工の三大美林

89 堺市
^{さかい}

第13回　中部地方のようす　問題は**96**ページ
90 野辺山原
^{の べ やまはら}　91 愛知用水
^{あい ち}
92 うなぎ　93 電照菊
^{でんしょうぎく}
94 自動車　95 牧ノ原
^{まき の はら}　96 焼津港
^{やい づ}
97 東海工業地域
^{とうかい}

第14回　関東地方のようす

　　　　　　　　　　問題は**96・97**ページ
98 関東ローム層
^{かんとう}　99 水郷
^{すいごう}
100 早場米
^{はや ば まい}　101 からっ風
102 鹿島臨海工業地域
^{か しまりんかい}^{ち いき}

第15回　東北地方のようす　問題は**97**ページ
103 米　104 八郎潟
^{はちろうがた}
105 天然の三大美林　106 六ヶ所村
^{ろっ か しょ}
107 こけし　108 奥羽山脈
^{おう う}
109 石巻港
^{いしのまき}

第16回　北海道地方のようす

　　　　　　　　　　問題は**97**ページ
110 北洋漁業　111 石炭
112 パイロットファーム　113 客土
^{きゃくど}
114 上川盆地
^{かみかわぼん ち}　115 十勝平野
^{と かち}
116 苫小牧
^{とま こ まい}

回　たいせつなことがらを書いておきましょう。

回　たいせつなことがらを書いておきましょう。